【高素质农民培育精品教材】

甘肃省高素质农民培育典型案例

GANSUSHENG GAOSUZHI NONGMIN PEIYU DIANXIANGANLI

主编　杨安民　　副主编　张生伟

甘肃科学技术出版社

图书在版编目(CIP)数据

甘肃省高素质农民培育典型案例 / 杨安民主编；张生伟副主编. -- 兰州：甘肃科学技术出版社，2023.7
ISBN 978-7-5424-3122-6

Ⅰ. ①甘… Ⅱ. ①杨… ②张… Ⅲ. ①农民教育—素质教育—案例—甘肃 Ⅳ. ①D422.6

中国国家版本馆CIP数据核字(2023)第140470号

甘肃省高素质农民培育典型案例
杨安民　主　编
张生伟　副主编

责任编辑　李叶维
封面设计　苏　静

出　版	甘肃科学技术出版社
社　址	兰州市城关区曹家巷1号　730030
电　话	0931-2131576(编辑部)　0931-8773237(发行部)
发　行	甘肃科学技术出版社　　印　刷　甘肃兴业印务有限公司
开　本	787毫米×1092毫米 1/16　印　张 11.75　插　页 1　字　数 178千
版　次	2023年8月第1版
印　次	2023年8月第1次印刷
印　数	1～1 400
书　号	ISBN 978-7-5424-3122-6　定　价　68.00元

图书若有破损、缺页可随时与本社联系：0931-8773237
本书所有内容经作者同意授权，并许可使用。
未经同意，不得以任何形式复制转载

前　言

乡村要振兴，人才是关键。农民教育培训是提高农民综合素质、培养乡村人才的最有效手段。以习近平同志为核心的党中央高度重视农民教育培训工作。习近平总书记在2022年中央农村工作会议上强调"全面提升农民素质素养，育好用好乡土人才"。2023年中央一号文件提出，实施高素质农民培育计划，提高培训实效。《中国共产党农村工作条例》《乡村振兴促进法》明确把培养有文化、懂技术、善经营、会管理的高素质农民纳入各级党委和政府职责范围，中办国办《关于加快推进推进乡村人才振兴的意见》《"十四五"农业农村人才队伍建设发展规划》明确要求，实施高素质农民培育计划，培养高素质农民队伍。

我省农业广播电视学校体系作为农民教育培训的主体力量，深入贯彻落实党中央、省委省政府部署要求，积极探索、大胆实践，扎实推进高素质农民培育工作，形成了一批具有示范引领性和借鉴推广性的好经验好做法。

为进一步宣传推广高素质农民培育的好经验好做法，在充分挖掘各地典型案例的基础上,按照具有代表性和较高推广价值以及可参考运用的原则,遴选出一批能展现现阶段高素质农民培育特点和趋势的案例。从案例内容看,有创新培育模式类、夯实培育基础类、加强培育内涵建设类,并将这些案例汇编成册。本书作为高素质农民培育的指定教材,希望能为高素质农民培育机构提供借鉴,更好地服务于高素质农民队伍培养,为实现乡村人才振兴提供基础支撑。

在本书的编写过程中,全省各级农业广播电视学校大力支持了甘肃省农业广播电视学校,张红萍、金笃婷、甘寅东、裴敏、梁静霞等5人参与了编写。在此一并致以诚挚的谢意!

由于水平有限,不当之处在所难免,欢迎广大读者提出宝贵意见和建议。

编 者

2023年6月

目　录

"互动式教学"培育实践案例
　　——静宁县农业广播电视学校 …………………………………………001
探索"123451"培育模式　提高农民培训质量
　　——灵台县农业广播电视学校 …………………………………………006
创新"三四五六"培育机制　提升高素质农民培育水平
　　——庆城县农业广播电视学校 …………………………………………012
"理论+技能+产业+政策"高素质农民培育案例
　　——民勤县农业广播电视学校 …………………………………………017
"五个一"高素质农民培育模式推进农民培训提质增效
　　——陇西县农民教育培训监督管理中心 ………………………………024
"4321"育管服一体化培育实践案例
　　——崇信县农业广播电视学校 …………………………………………030
夯实人才基础　助力乡村振兴
　　——华亭市农业广播电视学校 …………………………………………035
"一围绕　三提升"培育高素质农民
　　——玉门市农业广播电视学校 …………………………………………040

建好农民田间学校　积极培育乡村人才
　　——泾川县农业广播电视学校 ·················045

"543"高素质农民培育模式
　　——合水县农业广播电视学校 ·················050

严把"六关"促进古浪肉羊产业高质量发展
　　——古浪县农业广播电视学校 ·················055

"育管用评"乡村振兴人才培育模式
　　——凉州区农业广播电视学校 ·················061

"典型示范引领　校社融合推进　育评协同提升"培训模式
　　——庆城县农业广播电视学校 ·················066

建体系　探模式　树典型　促发展
　　——民勤县农业广播电视学校 ·················072

强化"3+"全程培育模式　助推人才振兴
　　——清水县农业广播电视学校 ·················078

"55332"培育模式的实践与探索
　　——肃南县农业广播电视学校 ·················084

扛责任　提质效　精培深研育新人　谋创新　促发展　产业兴旺促振兴
　　——天祝县农业广播电视学校 ·················090

"四培""两提升"开展高素质农民培育案例
　　——西峰区农业广播电视学校 ·················095

宁县"田间课堂"培训模式
　　——宁县农业广播电视学校 ···················100

多样式跟踪服务　助推高素质农民培育
　　——敦煌市农业广播机械化学校 ···············105

多措并举构建高素质农民培育新格局
　　——山丹县农业广播电视学校 ·················110

线上线下同步教学法
　　——榆中县农业广播电视学校 ·················115

创建农民田间学校　培养农村实用人才
　　——敦煌市农业广播机械化学校 ········· 120

高素质农民培育"五精准"模式典型案例
　　——华池县农业广播电视学校 ········· 125

创新培育模式　提升培育效果
　　——麦积区农业广播电视学校 ········· 130

推行"4+1"模式　培育高素质农民
　　——敦煌市农业广播机械化学校 ········· 135

精细化培训　提升培训质效
　　——徽县农业广播电视学校 ········· 139

创新"4+3"培育模式　提高培育质量
　　——肃州区农业广播电视学校 ········· 144

立足特色产业　拓展培训内容　增加农民收入
　　——成县农业广播电视学校 ········· 149

培育高素质农民　助力乡村振兴
　　——白银区农民科技教育培训中心 ········· 153

创新培育模式　激发学习动力
　　——武山县农业广播电视学校 ········· 158

探索培育模式　巩固培育质效
　　——镇原县农业广播电视学校 ········· 164

规范培育流程　提升培育质量
　　——会宁县农业广播电视学校 ········· 169

高素质农民培育助推新型农业经营主体发展模式
　　——庄浪县农业广播电视学校 ········· 174

"互动式教学"培育实践案例
——静宁县农业广播电视学校

一、背景

甘肃省平凉市静宁县农广校成立于1984年,2001年经省教育厅评估认定为标准化农业中等职业学校,是具有独立法人资格的农业职业教育事业单位,隶属县农业农村局。现有专职教师6人(正高级职称1人,副高级职称2人,中级职称3人),聘请兼职教师30名。截至目前,已开展各类培训5.34万人次,培训"田秀才""土专家"4300名,新型职业农民、高素质农民学员1290名。

静宁县位于甘肃中部,其独特的地域、气候及土壤特点,非常有利于苹果生产,被农业农村部评为"黄土高原优生苹果最佳栽植区域",静宁苹果被评为国家地理标志产品。近几年,静宁县中北部新植果园面积不断扩大,南部老园面临改造,果园管理经验丰富、实操能力强的多数是中老年人,而返乡青壮年的果园管理知识及技术欠缺,但随着市场对绿色优质果的需求日益增加,静宁苹果产业急需在短期内培养一批实操经验丰富、讲解示范水平高、引领带动能力强的高素质农民,让他们深入田间地头指导返乡青壮年尽快掌握苹果种植关键技术。

静宁县农广校发现,在传统的授课模式中教师只关注所授学科内容的深度和广度,很少关心学员对知识和技能的理解和掌握情况,教师的"一言堂"式教学对学员自学能力、实操能力、讲解示范能力的提升作用有限。2019年高素质农民培育计划实施以来，静宁县农广校围绕苹果产业，不断创新培训模式，倡导"课本学理论、田间练技能"的培育理念，"课内互动+课外互动"双管齐下，形成延伸拓展互动教学模式。互动式教学实践，把互动式教学贯穿到高素质农民培育课堂的全过程，充分调动了学员的积极性，把课堂教学更多的主动权交给学员，学员的讲解演练能力得到了提高，培训效果显著。

二、主要做法

（一）课前准备

1.强化学员遴选，坚持因材施教。制定难易适中的简易试卷和学员学习需求调查表，组织学员填答试卷和问卷，结合学员文化程度、学习需求等分类建班，班主任制定科学有效的班级教学计划。

2.围绕特色产业，制定培训方案。培训目的是帮助学员掌握苹果管理理论知识，学习田间操作技能，提升个人综合素养。学校结合本县苹果产业现状制定切实可行的培训方案。

3.分析学员学情，认真备写教案。教师深入了解学员学情，结合培训方案和教学计划设计教案。设计教案要做到教学内容和学员学习需求相适应，课堂容量、难度和学员消化吸收能力成正比。以《苹果管理才艺大比拼》互动课为例，经过前期一周的集中理论学习，结合多年从业经验，学员能够理解掌握疏果、喷药、套袋、取袋、摘果、安全生产等理论知识。遴选6名理论知识扎实、实操能力强的学员做评委。教师就学员现场操作时反映出的细节问题，引导评委、现场学员做评价指导。

4.重视教研教改，课前说课评课。在教研小组会上，备课人陈述教学内容、设计理念、教学方法、互动环节安排、教学中出现的问题及对策、需要的帮助等，其他教师针对备课人的设计发表观点和看法，提出修改意见，最后由备课人对教案进行改进。这样有利于发挥集体智慧，弥补教师备课过程的不足，实现"合作、探究、创新"，共同提高。

5.课前交流准备，营造学习氛围。拓展延伸互动教学对学员的要求相对较高,需要学员带着问题与任务听理论课,把关于理论知识的疑问在互动课前解决。班长安排小组长抽查组员互动课前准备情况,教师检查评委课前知识、技能储备情况,根据学员的课前准备调整互动教学方案。提倡学员课下利用智能设备和网络学习查找资料,相互切磋实操技能。

(二)课内互动

1.教师主导学员主体。课堂上教师起引导作用,按照教学设计思路引导学员逐步完成学习任务,在课堂上注意各教学环节的时间分配、任务完成情况、课堂生成等。

2.过程互动灵活教学。动是关键——"动起来"是课堂互动教学的关键环节,一是"动"在教学热点上。选择多数学员关注度比较高的问题进行互动,有利于学员大胆提出自己的观点。二是"动"在教学重点上。教师必须吃透所教内容,采用多种教学手段激发每个学员的参与积极性,使学员在激烈的讨论、思维的碰撞中达成共识。三是"动"在教学疑点上。教学中应抓住学员容易生疑的知识点设计互动问题。围绕学员比较敏感的疑点问题开展互动,激发学员探索欲望,营造积极向上、轻松愉悦的课堂氛围,激活学员创造潜能。

人人参与——在实操互动教学中,教师设计不同难度的实操项目,尊重学员自主选择,鼓励人人参与其中。通过技能竞赛、小游戏等缓解紧张的课堂气氛。尤其要关注那些实操能力强,但不善言辞的学员,鼓励他们打消顾虑和胆怯,提供机会让他们参与到实操互动教学之中。

有问必答——对于教师提出的问题,先发动学员进行分析、讨论,得出答案,让大家参与其中,各抒己见。

肯定鼓励——当学员回答正确时,教师及时给予肯定和表扬。互动中,教师商量的口气多一些,同时灵活地调整教学方法。

灵活应对——当出现学员向教师"反问"的情况时,教师要及时给予表扬,肯定学员的积极参与,并对问题进行解答。若教师一时难以回答,要勇于面对,一定不要牵强作答。

3.阶段考核评价进阶。集中理论学习考核采取笔试方式,集体阅卷亮分;互动环节教师根据学员表现随机亮分,总成绩排名前20的学员进入田间实训小组长候选人名单。

(三)课外互动

田间实训班级容量50~80人为宜,8人1组负责两棵苹果树,学员动锯下剪,评委现场评价。共性问题实训老师集中讲解示范,个性问题小组内随机指导。在采用小组互动方法时,教师应注意从以下几方面体现和发挥学员主体作用:一是组织学员围绕明确的学习目标进行实操,避免随意性;二是用适当的教学方法引导学员,使学员对实操产生浓厚的兴趣,保证人人积极主动参与实操教学;三是加强巡回指导,适时对个别小组的学员给予帮助和指导,使群体教学和个体教学有机结合;四是教师及时收集和整理学员实操中反映的信息,对教学过程适当调控,增强小组实操教学的针对性和实效性;五是对小组学习的结果要给予恰当地点拨和评价,使学员在原有基础上得到提高;六是小组长、班主任对每位学员的表现做详细记录,作为后续回访指导的依据。在小组学习过程中,教师要将对小组集体的评价与对小组成员个人的评价相结合,并侧重于集体评价。这样便于小组成员认识到小组是一个学习共同体,个人目标的实现必须依托于集体目标的实现,鼓励组员团结协作。

三、主要成效

(一)教学效果显著

互动式教学增加了全体学员参与历练提升的机会。讲授法、小组合作法、讨论法、直观演示法、练习实践法、现场教学法、个别提问法等穿插进行,优秀学员现场讲解示范能力得到了锻炼,普通学员实操技能也得到了提升。

(二)社会评价良好

互动式教学尊重学员学习需求、充分发掘学员潜力,给予每个学员学习锻炼的平台,在角色互换中实现教学相长,得到了社会层面的一致好评。

(三)教改意识浓厚

农广校教师积极参与教学研究,践行互动式教学,并多次指导本县各类培训机构开展互动教学课。先后发表论文5篇,撰写教学案例5篇。

(四)学员培训收获

2019年开展互动教学以来,有8名学员被静宁县人力资源和社会保障局聘请为劳动力培训师资库教师,50余人先后被聘请为果园冬剪培训教师,5人在静宁县第六届苹果赛果活动获奖。

四、经验启示

(一)规范学员管理

充分发挥班主任、班委会职能以及优秀学员的示范带动作用;将学习任务、互动交流、切磋技能贯穿于整个培训之中;人尽其才、人人参与,使学员得到不同程度的锻炼与提升。在安排座位和住宿时,有意按地区一南一北进行搭配,利用南北地域、产业、文化差异,激发学员交流互动意识,促进互学,激发创新创业意识。

(二)精准教学设计

课前准备环节遵循"以学员为中心、因材施教"的原则。学员在课堂上向专家老师学,课下交流相互学,准备理论知识参加竞赛、切磋实操技术参与比赛。田间小组实训环节实现了课堂理论知识向操作能力的转化,巩固提升实操能力、讲解演练能力。

(三)做好课后回顾

"经验+回顾=成长",学校每位授课教师课后及时做好反思。总结成功做法,反思失败失误及学生方面的问题,记录课堂灵感和创意等,有助于促进教师自我教育,提高专业理论素养。

探索"123451"培育模式提高农民培训质量
——灵台县农业广播电视学校

一、背景

灵台县农广校成立于1981年4月,2006年加挂灵台县农民科技教育培训中心牌子,现有专职教师10人(其中:正高级1人,副高级4人,助理讲师2人,其他人员3人),外聘兼职教师22人。近年来,累计开展各类农民科技教育培训19.02万人次,培训实用技术18.77万人次,培育新型职业农民1628人、高素质农民1284人,乡村产业振兴带头人培育"头雁"项目10人,评定农民技术职称540人,建成农民教育培训基地35个,认定市级农民教育培训基地6个、高素质农民培育示范基地2个,为灵台县农业现代化发展、农村经济繁荣和乡村全面振兴提供了坚实的人才支撑。

民族要复兴,乡村必振兴;乡村要振兴,人才是关键。近年来,灵台县农广校紧紧围绕全面实施乡村振兴战略目标,充分利用自身资源优势,以促进农业增效、农民增收、农村发展为核心,认真落实"藏粮于地、藏粮于技"战略,聚焦县域"牛、果、菜"三大产业发展现状,着眼粮食生产和产业发展对高层次人才的需求,加大农民教育培训力度,着力解决"如何提高农民科技文化素质和生产技能,培育造就一支适应农业农村现代化发展要求的高素质农民队伍"的问题。

围绕这一问题,灵台县农广校勇于创新,积极探索,整合资源,在高素质农民培育工作中,逐步形成了适合本县实际的"123451"高素质农民培育模式即:围绕"一个主线",注重"两个结合",做到"三个精准",突出"四个课堂",促进"五个融合",实现"一个提升",有效促进了高素质农民培育工作规范化、高效化运行。

二、主要做法

(一)围绕"一个主线"

围绕乡村人才振兴这一主线。自高素质农民培育项目实施以来,灵台县农广校始终围绕乡村人才振兴这一主线,立足产业发展实际开展培育工作,坚持把种地农民培育成"专业人才+经营人才+创业人才"的复合型高素质农民。通过不同阶段的培训,将人才培育和产业发展高度融合,全面提高农业经营主体的生产技能和理论水平,有力助推主导产业发展,为全县农业产业化发展提供了技术支撑和人才保障。

(二)注重"两个结合"

结合党史学习教育,结合防灾减灾需求。农业农村现代化需要高素质农民,因此培训不仅要提高农民的科技能力,更要使农民的综合素质有较大的提升。结合培训班培育类型和培训重点,每期培训班分别邀请县委党校理论讲师进行党史学习教育集中授课,并组织学员赴县工委纪念馆和革命教育基地开展红色研学活动,学员不仅学到了专业种、养殖知识,更加深了对中国共产党百年奋斗历程的认识和理解,从根本上提升了培育效果。近几年,受气候环境和自然灾害等客观因素影响,灵台县果、菜等主导产业发展受阻,产品质量有待提升,产业转型升级困难,对此,我们结合全县产业发展实际和农户产业现状,每期培训班分别进行农业防灾减灾专项知识培训,重点安排专门课程,有效提高农民在农业生产中的防灾减灾能力,从根本上提升县域主导产业发展势头。

(三)做到"三个精准"

一是培训需求精准。针对高素质农民培育的工作要求和岗位需求,灵台县农广校坚持组织干部职工深入全县各乡镇村社,赴基层一线开展全方位调查摸底,广泛征求农民意见,充分论证高素质农民培育重点,切实摸清高素质农民培训需求,以参训学员的培训需求为出发点,做到:"农民需要什么,我们就培训什么,农民爱听什么我们就讲授什么"。本着为学员"量身定做"的原则去培育,切实提高了培训的实效性。二是培育产业精准。在培育工作中,我们结合灵台县主导产业实际和学员需求,突出"牛、果、菜"三大主导产业重点开展培育,根据不同的培育类型,围绕产前、产中、产后,有针对性地设置不同培训内容和学时安排,突出关键环节和关键技术的培训,使受训学员掌握应知的基本知识和应会的操作技能,强化培训的针对性。三是依托企业精准。根据我县农业生产实际,根据参训学员需求,全面摸底调查,反复比较产业发展规模、逐户筛选依托的参学样本,组织学员到现代农业产业园、产业强镇、农业企业、家庭农场、农民合作社等平台实操演练,深入生产一线,由专业老师演练示范,参训学员亲手操作。在观摩学习环节走出本县、本省,依托国家级高素质农民培育示范基地、农业产业园等开展实地案例教学和现场学习交流,将理论知识和生产实际有机结合,带领学员"走出去",学习解外地生产模式、先进技术和成功经验,拓宽发展思路,解决实际问题,提升发展能力。

(四)突出"四个课堂"

固定课堂,空中课堂,移动课堂,田间课堂。在培训过程中按照专业分班授课,对公共基础课主要开展集中授课,以专业技术老师在室内讲授为主,即固定课堂;根据农民学习特点充分运用农村远程教育网和"云上智农"APP开展网上教学,即空中课堂;充分利用科技直通车进村入户开展培训,即移动课堂;在跟踪服务阶段指导老师进入田间地头,针对学员生产中的实际情况开展指导教学,即田间课堂。在农业生产的不同阶段利用不同课堂开展培训,使培训内容、农时季节、学习时间、学习实践进一步结合,让学员真正做到以学习促生产,在生产中去学习。

(五)促进"五个融合"

一是集中培训与现场指导融合。围绕灵台县农业生产实际与学员需要,在培训内容上进行了必要的优选调整和补充拓展,坚持集中讲授与观摩实践相结合。每期培训班都安排一定课时的理论教学和实习实训,经营管理型培训班重点加入了外出观摩环节,学员不仅可以在课堂上学得理论知识,而且可以在农业产业示范基地、优秀农业企业、合作社等开阔眼界、更新理念。二是线上学习与线下交流融合。按照培育项目安排,在课堂集中教学的基础上,充分运用现代信息技术和远程教育手段,通过"云上智农""老刀学霸"等APP,开展全方位、多元化的线上学习,充分发挥互联网和移动终端等现代信息技术手段的传播优势,为农民提供更优质、丰富的学习资源和快速的农业信息化培训指导。三是科技人员面授与"土专家""田秀才"指导融合。在具体培训过程中,我们既邀请大中专院校、科研机构、农业技术推广机构专业技术人员集中讲授最基础的种植、养殖知识,使学员掌握基础理论,又邀请本地在生产实践中成长起来的自学成才的"土专家""田秀才""农把式"进行指导,现身说法,用最通俗的语言、群众最容易接受的方法,开展技术指导,提高培训学习的实用性。四是表彰奖励与政策扶持融合。为表彰先进,树立典型,每期培训班学习任务完成后,由班主任会同班委会成员根据学员培训期间学习表现和考试考核情况,择优遴选一定比例优秀学员予以表彰奖励,颁发荣誉证书,并号召全体学员以先进为榜样,统一思想、增强信心、全面提高自身综合素质,进一步激发学员学习的积极性。在不断加强部门沟通协调的基础上,全面落实《灵台县高素质农民扶持奖励办法》,对高素质农民实施优先享受涉农优惠扶持政策,优先安排申报涉农项目扶持,优先提供金融信贷支持,优先享受科技推广等"四优先"政策,切实保障高素质农民相应权益。五是教学培训与后勤保障融合。在培训过程中,积极协调保险等相关部门,在外出观摩学习阶段,为每位外学员购买人身意外伤害保险,使学员外出观摩学习时多了一份保障,少了一份顾虑。同时通过移动、电信运营商,在培训期间为每位学员补助一定数额的网络流量费,为学员线上学习提供经济支持。

(六)实现"一个提升"

通过培育使农民的综合素质得到提升。在开展技能培训的同时,我们辅助开展农业农村政策法规、农产品质量安全、经营管理知识等公共基础课程讲授,使全体学员不仅提高了种植、养殖技术技能,并且提升了科技文化水平和综合能力。

三、主要成效

灵台县农广校探索总结的"123451"高素质农民培育模式,通过"分类型、分产业、分岗位、分工种、分阶段、参与式、重实训、强服务"的培训方式,使理论教学与实践教学相结合、系统培训与跟踪服务相结合、传统方式与现代手段相结合,增强了培训的针对性、规范性和实效性,提高了广大农民参训的积极性。通过集中理论讲授、现场实训、观摩学习,受训学员创新了思维,开阔了视野,学到了先进的生产经营模式和成功经验,为提升县域"牛、果、菜"三大主导产业产值提供了技术保障。近三年来,共培育高素质农民1284人,农村实用人才4793人,扶持高素质农民和新型职业农民学员创建农业企业9家、专业合作社32家、家庭农场155家,种植矮化果园5895亩[①]、有机小麦1036亩,建办规模化养殖场6家。围绕粮食生产和产业发展对高层次人才的需求,对发展基础较好、带动作用较强的学员,重点开展定制化、孵化型系统培育,有6名学员被认定为平凉市乡土人才,2名学员分别被评为全国"三八红旗手"、省级劳模和全国脱贫攻坚先进个人,1名学员被农业农村部评为2022年农民教育培训"百优保供先锋"。农民科技文化素质的整体提升,助推了我县农业产业提质增效和农民增收致富,促进了县域经济高质量发展,为加快农业农村现代化和乡村振兴作出了积极贡献。

四、经验启示

"123451"培育模式紧密结合国家全面实施乡村振兴战略要求,全面推进以人才振兴助力乡村振兴,更好地服务于高素质农民队伍培育,为实现乡村人才振兴提供了基础支撑,为农业农村现代化发展提供了重要动力。经过三年时间的探索和实践,我们积累了一定的经验,有效推进了高素质农民培育工作高质量发展,为灵台县培育了一大批"爱农业、懂技术、善经营、会管理"的高素质农民。

高素质农民培育始于培训,不只培训,重点在"育"。通过培育增强了农民的职业素养,提高了他们从事现代农业的职业信念、职业道德和职业操守,让其感到

[①] 注:亩不是国际标准单位,1亩=666.7平方米。

从事农业"有尊严""有保障""有成就",让他们从生产一线守住质量底线、铸牢生产防线、不越耕地红线,确保农业农村的可持续发展。"两个结合""三个精准""四个课堂""五个融合"模式,将农民"要我学"的思想转变为"我要学"意愿,确保精准培育,引导优质学员将学习成果与自身实际相结合,实现从"会种地、会养殖、会加工"到"种得好、养得好、生产得好"的转变,帮助他们成长为"田秀才""土专家""技能大师"。"一个提升"将高素质农民的个人理想、人生价值与乡村振兴、国家发展、民族繁荣有机结合起来,激发他们"志愿事农"的内驱动力,提高他们"安心务农"的理念信念,时刻保持对农业生产的浓厚志趣,将推进农业农村现代化、实现乡村振兴作为自己矢志不渝的职业使命和责任担当,像全国脱贫攻坚先进个人姚军福、全国"三八红旗手"冯巧叶、农民教育培训"百优保供先锋"马登云等优秀高素质农民代表一样,将真心、真情全部倾注到农业农村中去,真正做到"下得去、留得住、干得好",为加快建设农业强国,推进农业农村现代化提供强大的智力支持和人才保障。

创新"三四五六"培育机制 提升高素质农民培育水平

——庆城县农业广播电视学校

一、背景

近年来,庆城县农广校主动作为、勇于探索,强化培训管理,精选培训对象,优化培训内容,创新培训模式,严格考评程序,积极跟踪指导,培养了一批善经营、会管理、懂技术的高素质农民,为乡村振兴和脱贫攻坚提供了强有力人才支撑。

庆城县农广校全体员工精诚团结,不断创新,积极探索黄土高原旱地养殖、种植、苹果等产业的高素质农民培育新路子,形成了"三四五六"培育机制:聚焦三业明思路即聚焦苹果业、养殖业、种植业,明确培训思路;狠抓四阶段培训即集中学习、实习实训、观摩交流与线上学习;选聘五类教师即专家教授、省市农科院专业技术人员、"田秀才、土专家"、社会技能名师、其他行业专家;严格六个环节即遴选学员、精选教材、强化管理、考评考核、跟踪服务、典型宣传,推动农民教育培训工作提质增效。截至目前,庆城县已累计培训高素质农民3341人,群众满意率90%以上。

二、主要做法

(一)把脉三大主产,明确培训思路

结合县、乡村产业实际,深入开展高素质农民培训需求调研摸底,明确培训思路。以苹果、养殖、种植三方面产业为重点,确立了山区乡镇突出培训养殖(牛羊猪鸡等)、塬区突出培训苹果、川区突出培训瓜菜种植及特色种植,将合作社带头人、农村创新创业青年、农业经理、优势特色产业生产及服务人员、农民产销协会带头人和乡村振兴骨干、家畜疫病防控与健康管理人员、畜牧机械化从业人员等纳入培训范畴,采取"5+4+6"(理论五天、实习实训4天、观摩交流学习6天)"5+5+5""3+4"等培训课程设置,做到培训重点突出,方式方法灵活多样,切合群众实际需求。

(二)紧扣程序目标,严格四阶段培训

培训班采取"分段式、重实训、参与式"培育模式,将集中学习、实习实训、观摩交流与线上学习四个阶段有机结合起来,抓好每一个教学环节的落实,确保学习效果。集中学习:县农业农村局分管领导和农广校校长为主讲人,将解读学习中央和省、市有关领导关于乡村振兴人才培育等讲话精神和推动农民专业合作社发挥带动作用等文件精神作为培训学习第一课,综合素养和专业理论紧密结合,提升群众综合素质。实习实训:结合"走出去"的方式将实习实训平台搬到田间地头、产业基地、合作社、农字号企业等基地,增长见识,学习技能。观摩交流:重点依托国家级新型职业农民培育示范基地、农业产业园等开展实地案例教学和现场学习交流,组织学员赴省内外进行参观学习,学经验、谈体会,转观念。线上学习:充分利用"云上智农"APP或"老刀学霸"APP等开展在线学习,并建立学员微信群相互交流产业发展经验,答疑解惑,共同提高,增强学习效果。

(三)突出质量核心,选聘五类教师

培训中,将理论水平高、教学能力强、实践经验丰富的教师纳入到师资库,聘请到课堂上来,突出"五类教师"即:省市农科院专家教授、"土专家、田秀才"、县域行业单位种植养殖专家、科技推广技术人员、社会技能名师担任培训教师,确保培训质量落到实处。发挥土专家作用,将2名纳入全国共享乡村振兴实践指导师选配到高素质农民培训及跟踪服务中,提升培训效果,充实师资力量。2021年,聘请了省市县专家教授18人为学员授课,学员反响和培训效果良好。

(四)严格六个环节,巩固培训效果

一是县、乡村动员宣传,分层遴选学员。深入乡镇、村及农民专业合作社、家庭农场、种植养殖大户、农字号企业等进行摸底调研,了解掌握生产经营、技术需求等方面情况,积极动员群众参加高素质农民培训,通过农民自愿报名,涉农部门及乡村推荐等多种形式,遴选出符合培育标准的合作社带头人、家庭农场主及种养大户、乡村振兴管理人才等作为高素质农民培育对象,根据专业需求分类开展培训。

二是夯实培训基础,精选培训教材。县农广学校召开高素质农民培育项目课程设置及教材、教师遴选会议,特邀县农业农村局领导、高级畜牧师、高级农艺师参与研究讨论。对培训内容、培训教材、培训教师等细节逐项研讨,确定培训对象,优选培训教材,合理设置课程,将"土专家""田秀才""致富能手"纳入师资库,与专业教师同上讲台,提升培训效果。

三是突出培训效果,加强班级管理。培训中,为便于组织管理学员,每班配备班主任1~2名,班主任均建立考勤登记和班级微信群,将培训老师和学员加入到群中,并把这些专家教授的联系电话、QQ号、微信等信息向学员公布,方便学员与授课教师、学员与学员之间、班主任与学员的沟通交流,管理更加高效便捷。同时,把安全作为培训的必修课,开班讲首先讲安全,向学员印发《庆城县高素质农民培训安全、疫情防控、培训纪律及服务须知》,同每名学员签订了安全和无重大疾病及疫情防控承诺书。在外出实习和观摩时为学员购买了人身意外伤害保险,保证了培训的安全顺利进行。

四是严格考核评价,确保培训质量。培训中严格过程管理,根据学员出勤、遵守纪律、课堂表现、学习任务完成、理论考试、实践技能测评等情况对学员进行综合评价,对考核合格的学员发放了《高素质农民培训证书》。2021年对41名优秀学员和11名优秀教师和班主任、1所农民田间培训学校进行了通报表扬。

五是开展跟踪服务、巩固培训成果。为巩固培育成果,组织相关专家和技术人员深入田间地头、面对面对训后学员进行了调研回访,跟踪服务,通过现场指导,解决了学员在生产实践中遇到的困难和问题。截至目前,累计跟踪服务培训学员612人,技术指导服务群众5000多人,有效巩固培训成果。

六是突出培训效应,及时宣传报道。将培训中的好经验、好做法进行提炼总结,宣传报道。近三年先后12篇报道被中国农村远程教育网采用,6篇被市级网站采用,6篇被县级媒体网站采用;1人被中央农广校表彰;13名优秀新型职业农民被录入《庆阳市新型职业农民优秀学员典型事迹汇编》,通过典型引领、示范带动,激励广大群众发展产业。

三、主要成效

通过培训,一大批高素质农民特别是合作社带头人、家庭农场主、种植养殖大户等在农村经济社会发展中发挥了"领头雁"作用,为乡村振兴和巩固脱贫攻坚提供了人才支撑,为全县社会经济发展提供了动力和活力。

一是高素质农民引领产业发展。苹果产业是庆城县主导产业,在县域经济中占有非常大的比重。苹果产业更新换代比较快,红富士是庆城主要品种,现在市场价每斤2~3元,面对市场份额和价格逐渐被新品种挤压,矮化树老化、产量和品质不高、竞争力不强等问题。庆城县高素质农民培训班及时组织一大批果业合作社外出交流学习,学习新经验新技术,通过引进瑞雪、瑞阳等新品种,乔化改矮化、郁闭园间伐改造等措施,使庆城县苹果产业迎来了春天,市场竞争力进一步提升。庆城县瑞岭种植农民专业合作社普遍反映引进的新品种瑞雪、瑞阳品质好,很受消费者欢迎,每斤可卖4~5元,优质的单果能卖10元左右"。

二是推动特色产业发展,为县域经济注入活力。通过"请进来走出去"学习交流,助推特色产业蓬勃发展,百花齐放。近年来,庆城县依托高素质农民培训,组织广大群众到陕西、河南、宁夏、张掖等地观摩交流学习,使广大群众产业发展理念得到更新,技能得到进一步提升。特色林下养鸡、食用菌种植、特色养生蔬菜等在庆城蓬勃发展,群众受益多多。"一个鸡蛋2元""一斤黄瓜10元""一斤鲜香菇8~10元"等等已不再是故事,而变成群众们的真实收入。

三是高素质农民成为乡村振兴和巩固脱贫攻坚成果的人才支撑。庆城县农广校认真贯彻落实省委省政府各项工作部署,加快推动产业发展,促进脱贫群众持续稳定收入,结合产业发展情况,紧紧围绕种草养畜、蔬菜、果品、中药材、黄花菜、白瓜子等特色产业，积极组织指导开展培训，全县累计培育经营管理型、专业生产型、技能服务型高素质农民（新型职业农民）3000多人，指导科技示范种植大户63户；合作社、种植养殖大户等积极为脱贫户提供技术指导，带动服务群众发展产业，为乡村振兴和巩固脱贫攻坚成果提供了人才支撑。

通过"三四五六"培训措施，帮助学员将学到的理论知识转化成生产实践，增强发展生产的信心和决心，形成了以"补短板、拓视野、建平台、提思路、升能力"的培训理念，学员满意度达到了91.5%。驿马镇太乐村村主任夏彦赟说："庆城县农广校的高素质农民培训实实在在，我本人通过参加农广校的培训，从一个门外汉逐渐成为我们村苹果标准化建园剪枝的一把好手。"

如今，全面助力巩固脱贫攻坚，为乡村振兴提供人才支撑，庆城县农广校在高素质农民培育的路上不断探索着……

"理论+技能+产业+政策"高素质农民培育案例
——民勤县农业广播电视学校

一、背景

民勤县农业广播电视学校成立于1984年9月,隶属县农业农村局正科级事业单位。学校现有专职教师10人,兼职教师38人,有办公场所330m²、学员宿舍200m²。自建成以来,学校始终坚持"服务三农"的办学宗旨,多措并举开展农民科技教育培训和农业技术推广服务工作,目前已举办各类培训班650余次,培养农民中专生3000余人,培训农业专业技术人员2500余人次、农民40000余人次,有效提升了从业农民的生产技能,促进了县域现代农业和特色优势产业发展。

民勤县地处河西走廊东北部,位于石羊河流域下游,东西北三面被腾格里沙漠和巴丹吉林沙漠包围,属温带大陆性沙漠气候。这里光照充足,昼夜温差大,适宜多种农作物生长,是一个典型农业大县。全县现有耕地179.6万亩,农业生产季节性强、种养种类繁多、生产周期长,对从业农民技术要求高。

在高素质农民培育项目实施过程中,民勤立足本县实际,选择了"创新理论知识培训、注重生产技能传授、强化农业政策扶持、助推主导产业发展"这一培育模式。2019年至现在,累计培育高素质农民1098人,其中经营管理型588人、专业生产型250人,技能服务型人260人,为加快现代农业和特色优势产业发展提供技术支撑和知识支持。

在多年的培育项目实施中,民勤采取强化培训措施、夯实培育基础、完善培训制度、规范培育程序、健全培训机制、创新培育方式、细化培训环节、落实培育过程等做法,逐步形成了"理论+技能+产业+政策"的高素质农民培育模式,详见图1。

二、主要做法

(一)强化培训措施,夯实培育基础

一是明确培养目标。根据高素质农民培育要求,民勤分年度制定高素质农民培育实施方案,明确高素质农民培育目的意义、目标任务、培训内容、培育期限、经费使用、保障措施,保证培育工作有步骤、有方案、有成效地推进和落实。

二是完善培育体系。为最大限度满足农民培训需求,民勤扶持镇村两级农民培训阵地建设,探索和引导镇村把培训基地建设到产业园区、示范点上,形成了县、镇、村、社四级农民培训网络体系,做到县有培训中心,镇有培训学校,村有示范园区,社有生产基地。

三是精心组织实施。在培育项目实施中,民勤围绕稳粮扩油和"菜篮子"产品稳定供给,采取集中授课与田间课堂相结合、理论教学与实践操作相结合、跟踪服务与现场指导相结合、技术培训与学历教育相结合,通过现场讲解、示范、操作、解答,使理论培训变成看得见摸得着的实体培训,拉长了技术链条,巩固了技术重点,放大了技术环节,重视了实践操作,提升了培训效果。

四是搭建服务平台。为方便学员经常接受培训,民勤搭建了《民勤新农村资讯》《绿洲科技》、手机科技短信、农技服务热线、农业科技直通车等互联互动的农业服务模式,建立学校与学员、专家与学员、学员与学员之间的QQ群、微信群等学习交流平台,为学员提供全方位的科技信息服务。

(二)完善培训制度,规范培育程序

一是规范培育对象。根据从业农民的生产状况,采取个人申请,村、镇推荐,培训机构筛选,遴选出一批年龄在18~60周岁,具有一定科技文化素质和专业技术

水平,拥有一定产业基础和规模,以农业生产经营作为主要职业,正在从事或有意愿从事农业生产、经营和服务的农民作为培育对象。

二是规范培训流程。结合产业发展,通过对学员集中开展理论知识培训、现场基地实训、外出参观学习、异地技能提升等形式培训,有效解决参训农民理论知识不高、经营管理技术不强、发展理念转变不快、示范引领作用不明显的问题。

三是规范政策扶持。为支持高素质农民做大做强农业产业,民勤县对高素质农民在生产补贴、技术服务、农机具购置等方面给予倾斜,在土地流转、倒兑方面给予优惠,优先安排涉农项目扶持;对开展农产品认证、商标注册等方面给予补助,优先给予小额贷款支持;免费提供技能培训,帮助提升和涉农专业学历教育。

四是规范跟踪服务。根据高素质农民产业发展技术知识需求,民勤分时段、分产业、分区域,适时组织技术人员,现场跟踪指导服务,同时采取利用手机、互联网等载体进行线上、线下指导服务,及时解决生产经营中遇到的难题,支持农民提高技术、扩大规模、发展产业。

(三)健全培训机制,创新培育方式

一是创新培育内容。在课程设置上,围绕综合素质,突出职业素养、合作精神、发展理念等内容;围绕生产技能,突出新技术、新品种、新成果应用,标准化生产、质量安全、信息化应用等内容;围绕经营管理,突出创业创新、品牌创建、市场营销、金融保险等内容。选用的教材先进实用、图文并茂、通俗易懂。

二是创新培育模式。在培育过程中,民勤坚持和农民培训需求相结合,和区域主导产业发展相结合,和农业新品种、新技术推广应用相结合,和农业科技示范点(园区)建设相结合,分阶段组织集中培训、实习实训、参观考察和生产实践,在关键农时季节,组织技术人员深入生产一线指导服务,帮助农民跟进生产。

三是创新培育机制。根据县域经济发展状况和产业发展需求,民勤充分发挥农民田间学校便捷作用,围绕基地主导产业,结合农时节气,在农民田间学校对高素质农民进行全程化实训、全方位指导、全链条服务。服务农民、服务产业、服务发展,激活了技术传导、运用、转化的"神经末梢",方便农民就近就地参加学习培训。

四是创新培育手段。依托农业科教云平台和甘农云APP,积极对接民勤农业技术信息服务平台,充分利用云计算、大数据、互联网等模块化、情景式、互动式现代信息技术手段,为农民提供灵活便捷、智能高效的在线教育培训和全程跟踪指导,实现线上线下融合,实现优势互补、资源共享。

(四)细化培训环节,落实培育过程

一是加强理论知识讲座。根据现代农业和特色优势产业发展状况以及农民生产实际需求,对高素质农民培育对象集中进行理论培训。为确保培训内容通俗易懂、实际、实用,所以理论知识培训重点讲授惠农政策法规、种养技术、经营理念、创业技巧、市场营销等知识。

二是深入现场技术传授。根据从业农民生产技术需求,在生产的关键环节,组织技术人员进村入户,深入村庄院落、田间地头、温室暖棚,开展"面对面"指导、"手把手"示范、"心贴心"服务,现场讲解、现场答疑、现场指导,及时帮农民解疑释惑。

三是注重能力提升训练。根据学员产业规模,采取"农学结合、送教下乡"等模式,指导学员理清发展思路,适度规模经营,选拔优秀学员参加涉农专业学历教育,参加省、市实施乡村产业振兴带头人培训,切实做到技术促创业、技术带产业、技术促增收。

四是创新异地技能提升。结合高素质农民的产业发展和生产需求,组织学员到周边省、市、县的现代农业示范园区、专业合作社、农业企业观摩学习,让高素质农民了解现代农业产业发展状况、市场行情、市场运作和市场前景,学习借鉴先进的生产理念和科学的管理方法。

五是持续跟踪指导服务。结合农业生产特点和农民需求,在关键农时节点分产业、分时段,组织技术人员深入高素质农民生产基地,手把手、面对面释疑解惑,确保跟踪指导的针对性、时效性、示范性,使农民学了就有用,学了就能用,学了就管用,用了就有成效。

三、主要成效

一是普及实用技术。通过高素质农民培育项目有计划、有目的、有针对性实施,将农业科技知识和关键技术要领及时传授给培育对象,不断提高培育对象科技文化素质,提高农业生产经营管理水平和经济效益,促进农业增效、农民增收,助推现代农业和特色优势产业发展。许多高素质农民被推选为村干部,他们充分发挥自身技术特长,在农业生产的关键阶段,进社、进户、进棚无偿为种植户提供技术指导服务,实现了技术服务到户,良种良法到田,技术要领到人。

二是搭建互动桥梁。通过项目实施和技术服务,及时将党的惠农政策和科技信息送到千家万户,切实提高了农业科技的入户率和群众普及率,让农民不仅学到了知识、掌握了技能、开拓了视野,还增强了致富增收的信心和决心,促进乡风文明建设,加快了乡村振兴步伐。高素质农民段丽华自种沙漠蜜瓜500亩,合作种植4000亩,年销蜜瓜725万吨,实现销售金额2176万元。在全国范围内树立了西北特色水果的标准化基地供应链品牌,2022年获甘肃省"百千万"创业引领工程全国农村创业创新项目创意大赛一等奖。

三是促进成果转化。通过项目实施和技术服务,形成"上有专家教授、中有本土专家、下有实践基地"的科技大链条,专家教授及时把最新的农业科技成果和先进的生产技术传授给农民,帮助从业者改进生产经营管理模式,提高生产经营管理水平,增强生产发展后劲。高素质农民杨学俊流转土地300亩、日光温室50座,从事设施农业及大田种苗培育、种植,年培育种苗1200万株,种植大田蔬菜300亩,向市场供应蔬菜3000余吨,年收入达400余万元、纯收入达250余万元。2021年被农业农村部评为农民教育培训"百优保供先锋"。

四是加快产业发展。技能促创业、技术带产业、产业促增收。已掌握种养技术的高素质农民打破了以往农户分散经营温室的小作坊模式,充分利用政策支持、争取项目扶持,带头进行土地互换,采取流转、租赁土地发展现代农业和特色优势产业、促进农业产业升级,助推乡村产业兴旺。高素质农民叶长炼注册的长炼沙葱产销专业合作社经营日光温室沙葱400座,大田沙葱500亩,合作社从业人员215人,年产值达2000余万元,年纯收入达1200余万元,有效助推了特色产业发展,2018年获农业农村部评"全国百名杰出高素质农民"资助项目,2020年12月获得甘肃省劳动模范称号。

四、经验启示

(一)领导重视是前提

在项目实施过程中,省、市、县领导多次深入培训机构、培训现场、实训基地调研、指导,现场解决问题。领导的重视和支持,使培育工作有了目标、方向、思路和措施,确保了项目实施。

(二)项目实施是抓手

民勤坚持不懈地抓高素质农民培育项目的实施,2013年至今,连续9年实施高素质农民项目,围绕项目抓培训,使项目培训有了依托,提高了培训的效果。

(三)制定规划是关键

高素质农民培育工作是一项长期性、连续性的系统工程,制订项目规划,分阶段、分年度、分步骤实施,解决了农业瓶颈问题,取得了良好的效果。

(四)搭建平台是优势

农业技术信息服务平台的搭建,通过介入政策引导、技术指导、信息传播及产供销全过程服务,满足了群众不同层次培训需求,提高了培训效果。

(五)创新方式是捷径

围绕现代农业和特色优势产业发展,按照实际、实用、实效的原则,采取灵活多样的培训方式,让农民自主选择、自主参与,确保看有地点、学有样板、赶有目标。

(六)强化责任是保证

民勤树立层层明责任、层层抓落实的制度机制,全力支持高素质农民培育工作,不断完善培训体系,健全培训网络,完善培训阵地,确保培育工作规范化常态化开展。

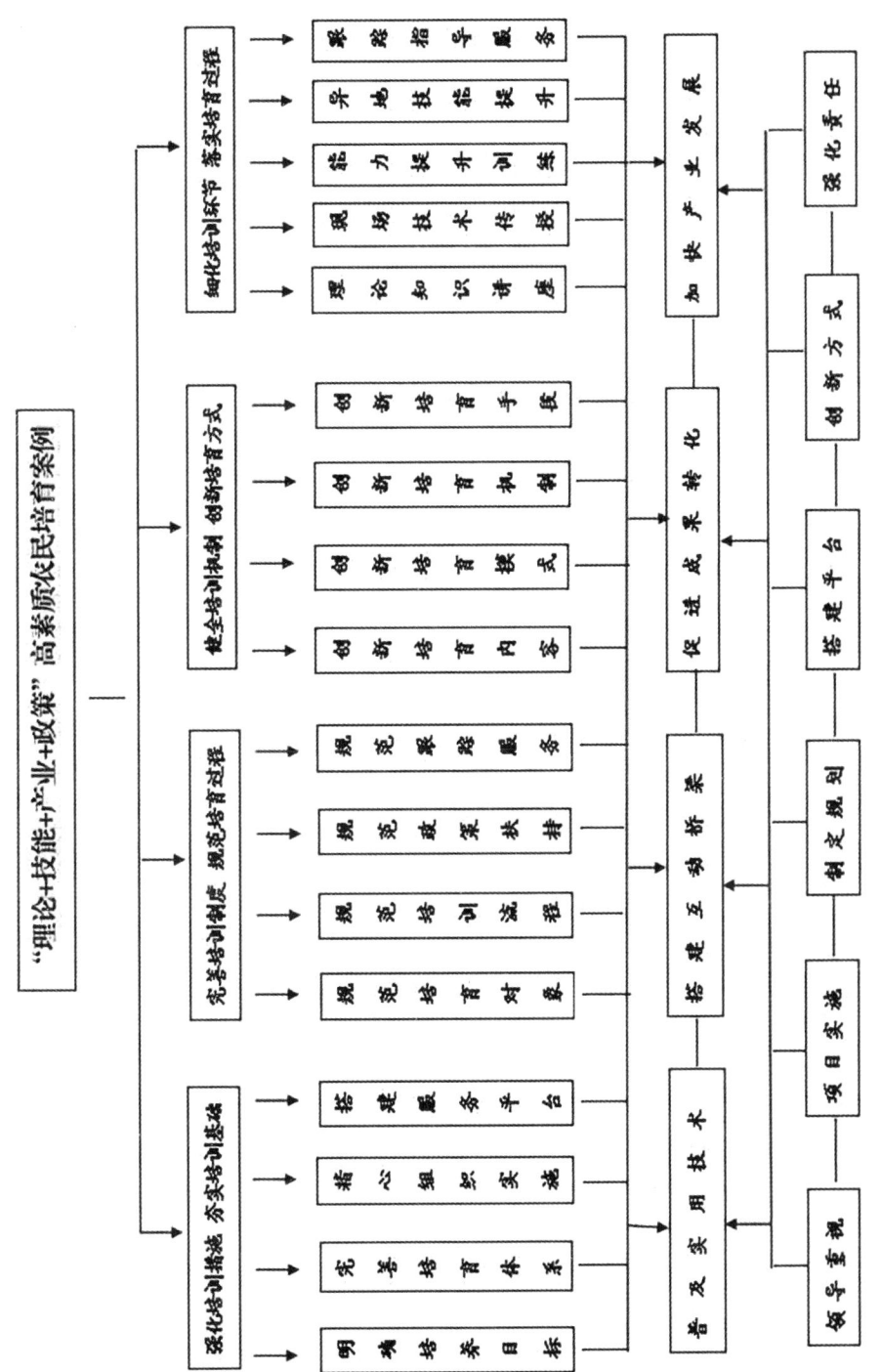

图1 "理论+技能+产业+政策"高素质农民培育流程图

"五个一"高素质农民培育模式推进农民培训提质增效
——陇西县农民教育培训监督管理中心

一、背景

甘肃省农业广播电视学校陇西分校成立于1984年4月,隶属于陇西县农业农村局,正科级建制,为公益一类、财政全额拨款事业单位。单位实有编制6名,现有干部职工8名,其中事业管理3名,专业技术人员5名。主要承担全县高素质农民培育、农民实用技术培训等相关培训及农民中职学历教育提升工作。

实施乡村振兴战略,人才是关键,高素质农民是重要力量。近年来,全县高素质农民和乡村人才振兴队伍不断壮大,人才结构不断优化,有力地推动了全县农业农村经济社会发展,但与实施乡村振兴战略和人才强农战略的内在需求相比,高素质农民的规模、结构、素质等仍存在较大的差距。突出表现在:一是高素质农民和产业科技"明白人"总量不足,后备力量缺乏,整体素质偏低,特别是高层次人才匮乏,农业科技人才科研创新和成果转化能力不强;二是高素质农民和产业发展带头人区域性分布不均,山区村社尤为不足,不能满足现代农业和农村产业发展的需要;三是县农广校等农民培训机构人员编制少,师资力量薄弱,教学设施简陋,基地建设滞后,培训中运用网络信息化、新媒体等现代化培训手段不足,一定程度上影响了高素质农民培育进度和效果。

二、主要做法

立足全县高素质农民培育工作实际,陇西县积极探索总结,按照"五个一"工作法(即:开展一个调研、制定一个方案、搭建一套载体、建立一套机制、做好一个评价),全程抓好高素质农民培育工作。

(一)聚焦"四个行动",着力开展一个调研

在高素质农民培育开展前期,按照培训计划人数两倍的要求,依托新型农业经营主体和服务主体能力提升行动(围绕保障粮食安全和重要农副产品有效供给,以家庭农场经营者、农民合作社带头人和社会化服务组织负责人为重点,提升经营管理能力,培养带动和引领现代农业发展的核心骨干)、种、养、加技能培训行动(以从事种植、养殖、农产品加工业的专业大户为重点,提高专项技术技能水平,提升产业效益);农村创新创业者培养行动(围绕农村创新创业和农村一二三产业融合发展,吸引一批返乡回乡农民,打造农村创新创业和社会化服务带头人队伍);乡村治理及社会事业发展带头人培育行动(围绕实施乡村建设行动,重点培养村"两委"班子成员、乡村文化旅游体育人才、乡村建设本土工匠,有效提升乡村治理和支撑农业社会事业发展能力)等"四个行动"遴选培育对象,做到培育对象精准化,全面完成调查摸底工作。

(二)聚焦"八个方面",着力制定一个方案

依据我县工作实际,从指导思想、培训原则、目标任务、培训对象、培训时间、培训地点、培训内容、培训形式等八个方面,科学制定培育方案。按照"政府推动、学校主办、部门监管、农民受益"的原则,围绕我县中药材、草牧、马铃薯、菌菜等特色产业发展,根据项目要求,明确目标任务、确定实训基地、优化培训内容及教师,通过"请进来讲、走出去学、下基层送"等方式,在理论学习的基础上,根据培训专业和岗位需求,采用"农广校+农民田间学校+实训基地""农广校+农村实用人才培训基地"和"农广校+高等农业院校"等多种培训模式创新开展培训,依据农时合理设置培训时间开展分段培训,切实提高培训质量和效果,真正将高素质农民培育

成我县"三农"工作的主力军。

（三）聚焦"四个平台"，着力搭建一套载体

充分发挥农广校培训工作主体作用，加强调研、精心策划、创新方法，从搭建培训机构平台、师资平台、训练平台、信息服务平台等四个方面，努力构建高素质农民培育载体。搭建培训机构平台，充分发挥农业局下属单位职能优势，统筹用好培训资源，依托全县农业科技推广体系建设，围绕全县现代农业发展和全产业链建设，从局属各单位中择优确定高素质农民培训机构，积极开展技术指导培训、信贷跟踪服务等。搭建师资平台，从省、市、县农业科研院所、职业院校、农技推广、农业乡土人才及卫生健康、金融等部门遴选了一支80多人的师资队伍，建立培训师资库。搭建训练平台，为更好地提高学员的能力水平，在田间学校、示范园区及农业生产基地开展实践技能操作为主的产业人才技能竞赛，积极推荐高素质农民参加论坛、展销会等活动，促进互学互助，既展示自身风采，也提供自我营销，激发农民创业激情。搭建信息服务平台，针对农民需求种类多、地域广、分散性强、个性化明显的特点，充分利用农业农村部农业科技推广平台、云上智农APP、老刀学霸APP等信息咨询平台开展在线培训，从生产需求、技术咨询、创业引导、信息共享等方面开展全程跟踪管理和服务，增强高素质农民持续发展能力，逐步形成"培育一人、致富一家、带动一片"的良好局面。

（四）聚焦"四个强化"，着力建立一套机制

强化组织领导，县上成立由分管副县长任组长、农业农村局局长任副组长，各乡镇、相关部门负责人为成员的高素质农民培育工作领导小组，主要开展培训协调、组织、实施、保障等工作，对培训工作进行有效监管，确保培训工作的实效性。强化资源整合，农广校作为农民教育培训主体，统筹甘肃农大、西北农林科技大学、山东农大、青岛农大、浙江大学等涉农院校、科研院所及农业科技培训基地等各类教育培训资源，完善"一主多元"农民教育培训体系，加快构建高素质农民合作培养工作机制，完善实习实训基地，开展不同层次的农民培训工作。强化培训质量，充分利用多媒体等现代教育培训设施和手段，为农民教育培训工作提升创造良好条件。对各培训机构培训过程进行监督，定期或不定期对培训情况进行抽查，对培训经费使用情况进行监管，以确保高质量完成培训任务。强化典型培育，及时总结高素质农民培育方面的好做法好经验，挖掘培训工作的模式和典型，提

高宣传的效果和针对性,积极营造高素质农民发展的良好氛围。

(五)聚焦培训成效,着力做好一个评价

在每期培训班结束后,通过农业农村部"云上智农"APP平台,组织学员对本班次培训效果、组织管理、师资配备、理论课程、培训基地等进行客观、公平、公正的独立在线评价,参与评价率达到98%以上,进一步提高线上评价覆盖面。同时,按照"关键农时、学员需要"提供全程跟踪服务,采取"专家指导、座谈交流、问题解答"等方式,帮助学员解决"训后之忧",逐步形成以农民满意度为导向的高素质农民评价体系。

三、主要成效

通过不断地创新培训模式,陇西县构建了分层次分类别分产业的高素质农民培育工作格局,培育了一大批有文化、懂技术、善经营、会管理的高素质农民,助力农业增效、农民增收、产业兴旺,为全县农业农村高质量发展贡献了人才力量,同时也破解了高素质农民培育中的诸多难题。

(一)逐步破解"谁来种地、怎样种好地"的问题

通过开展高素质农民培育,全县高素质农民人才队伍不断壮大,人才结构得到不断优化,农民生产经营水平和管理能力得到不断提升,产业培育不断夯实,农民回乡务农和创业的积极性得到充分调动,逐步破解了"谁来种地、怎样种好地"的问题。截至2022年底,完成高素质农民培训1708人,农业实用技术培训8.7万人次。

(二)打造了一批农业科技服务平台

近年来,在全县建设了绿营农业、晟地农业等2个市级培训示范基地,打造了中国药都·陇西药圃园、祥瑞现代农业、裕兴农牧等市级农民田间学校3家,培育示范主体26家,在全县建设新品种试验示范基地。通过对这些示范基地的资金扶持、宣传推广和科研合作,打造了全县新技术科研和广大农民培训学习的典型样板。

(三)推广了一批农业先进实用技术

在全县确定了10个主导品种和14项主推技术,组织农技人员开展指导服务,

促进技术快速进村入户到田,提高了广大农民选择应用优良品种和先进实用技术的意识,推动了全县农业现代化发展。

(四)培育了一批高素质农民学员代表

通过多年培训,涌现出"全国百强农产品经纪人""定西市劳动模范"马正昌、"全省农机使用一线土专家""全县首届药都工匠"田育鑫、"全省高素质农民创业达人"裴建平、闫鹏飞、张选民、潘红霞等优秀学员,真正让一批农民成为"三农"工作的行家里手和爱农业、懂技术、善经营的高素质农民。

(五)打造中职教育的优质生源和教学质量

通过高素质农民培育项目的实施,让一批村两委成员、优秀高素质农民和新型经营主体带头人成功转化为中央农广校中职教育学员,进一步提高了中职教育学员质量。近年来完成中职学历教育2个班72人。

四、经验启示

陇西县"五个一"培训模式的创建,不仅夯实了高素质农民培育基础,同时不断创新完善培训体系,进一步推动高素质农民培育提质增效。

(一)提高认识是前提

开展农民培训,既有利于提升农民素质、促进农民增收,也有利于密切干群关系,维护农村和谐稳定,推动各项工作有序开展。各级要通过多种形式的引导宣传,推进培训体制机制创新,提升农民对技能培训的认识,变"要我学"为"我要学",提高学习的主动性和积极性。

(二)培育产业是核心

农民培育必须与政府发展产业的相关政策紧密衔接,要紧紧围绕当地主导产业发展需求,着力培育"有文化、懂技术、善经营、会管理"的乡村振兴人才队伍,为产业发展提供强大的智力支持。

(三)紧贴需求是关键

坚持问题导向和需求导向,开展高素质农民培育前期摸底调研,全面掌握农业从业人员培训需求。根据农民的实际情况,合理设置培训内容,做到浅显易懂,让群众听得懂、看得明。培训形式要富有吸引力、创造性,多用现场操作、农民亲身演练的方式,让农民学员容易接受。

(四)政府主导是保障

政府要做好高素质农民培育的规划者、引导者和组织者。搞好调查研究,安排好教学内容、聘请好教师,搭建好培训平台,保障好培训经费,提供好就业渠道等工作,为高素质农民培育提供强有力的保障。

(五)农民满意是根本

必须把农民的满意度作为衡量培训工作成效的根本标准,从农民生产生活实际出发,多层次、多渠道、多形式开展农民培训,力求满足农民日益多元化的培训需求。

"4321"育管服一体化培育实践案例
——崇信县农业广播电视学校

一、背景

崇信县农广校是县农业农村局下属的副科级公益一类事业单位,成立于1984年8月,负责全县农民教育培训工作。现有干部职工6人,其中专业技术人员2人,工勤人员2人。

崇信县辖4镇2乡1个工业集中区,总人口10.63万人,其中农业人口6.5万人。总土地面积850平方公里,有耕地30.53万亩,人均3.75亩。全县现有平凉红牛、优质苹果、设施蔬菜、生猪四大农业产业链。崇信县农民教育培训工作主要存在两个方面问题:一是小农户大多文化程度偏低、年龄偏大、培训意愿不强烈,职业化程度和综合科技素质较低;二是新型经营主体、服务主体产业融资难、经营规模小、链条短、品牌意识不强、贮运销一条龙服务体系不健全、产品附加值低。

县农广校结合全县农民教育培训工作实际,以农民教育培训供给侧结构性改革为动力,创新高素质农民培育方式方法,促进农民教育培训工作提质增效,年均培育高素质农民100人左右,形成了由政府主导、农广校专门培训机构主办的农民教育培训工作格局。在长年持续开展多层次、多学科、多形式的高素质农民培育过程中,崇信县农广校探索形成了"4321"育管服一体化培育模式("4"即四个选好;"3"即三个支撑;"2"即二个创新;"1"即一个效果)。各类培育资源得到优化配置和高效运用,实现了培训专业和发展产业的有效对接、理论培训和实践操作的有效衔接、授课教师和农民学员的有效衔接,提高了培养质量和效果,成效显著。

二、主要做法

(一)做到四个选好

1.选好专业。坚持"根据产业办专业,办好专业促产业"的宗旨,搞好培训需求调研,紧紧围绕当地农业主导产业和特色产业发展设置培训专业,组织开展培训。

2.选好学员。根据全县主导产业、特色产业发展情况,明确学员的遴选标准和条件。采取个人申请、村社、乡镇推荐、农广校审核的方式,层层把关、严格筛选,分类型、分产业、分专业确定学员,明确培训对象,确保定训与受训相一致。

3.选好课程。围绕全县平凉红牛、优质苹果、设施蔬菜、生猪四大农业产业链发展现状和农民需求,按照培育类型设置安排专业课程(综合素养课、专业技能课、能力拓展课)和内容,同时根据农业生产季节合理设置培训时间,结合农时分段开展培训,安排好集中学习、实习实训、观摩交流、线上学习等教学环节,针对性培养学员专业生产、技能服务、经营管理和开拓市场能力。

4.选好师资。充分利用县农广校高、中级职称优秀教师资源开展授课,并结合培训产业需求聘请高层次教师和乡土人才授课,做到各层次教师优势互补,讲授内容涵盖广大农民学员对知识和技能的需求以及产业发展对技术的要求,做到学有所教、教有所成。

(二)强化三个支撑

1.强化培育基地支撑。顺应培训需求,优化培育资源,遴选县内生产基地、农民合作社、家庭农场等生产示范点等平台实操演练,提升技能水平。遴选县外示范性培育基地、农业产业园、产业强镇、田间学校等开展实地案例教学和现场学习交流,"走出去"拓宽发展思路,学习发展经验,提升发展能力。让学员在培训基地、田间学校接受更加直接、生动、接地气、上档次、有体验的教育培训。

2.强化培育师资支撑。在农广校现有专职教师的基础上,广泛联系各行业领域及农业高校的专家教授及农村乡土人才等,组建了一支层次搭配合理的高素质农民培育教师队伍,起到了中青年搭配—高低搭配—精准对接—零距离传授的最佳效果,保证了农民培训工作高质量运行。

3.强化培育手段支撑。实行"集中学习+实习实训+观摩交流+线上学习"相结合,打破时间、空间、地理环境和课件资源供给等因素限制,集中培训与现场指导相融合,农闲时间与时令季节相融合,"请进来教"与"走出去学"相融合,专业人员面授与"乡土专家"指导相融合,学员实训与观摩交流相融合,线上线下相融合,保证了农民培训工作取得高质量高效率。

(三)探索两个创新

1.创新跟踪服务。加强集中培训后的跟踪服务,做实培育工作"最后一公里",延伸培育成效。一是加强回访和走访。根据学员需求,结合农时季节,通过一对一、一对多的实地指导,微信群、QQ群的互动交流,委托土专家、田秀才、农业龙头企业的帮带,及时解答学员在生产、生活中的实际问题,巩固培训成果。二是帮助争取扶持政策。根据自身资源优势,在产业发展、土地流转、金融信贷、评优表先等方面,积极与政府有关部门沟通、协调,争取对受训学员的帮扶支持政策。三是广泛宣传推介。通过网络、电视报道、工作动态信息等多种形式将高素质农民培育工作动态带入大众视线;精心组织谋划,协调相关部门,评选项目实施以来的优秀学员进行表彰奖励,激励学员创优争先,同时为开展高素质农民培育工作营造良好氛围。

2.创新培育管理。高素质农民培育工程标准高、要求严,有其具体的工作流程和施教要求。我校在高素质农民培育工作中严抓管理,层层落实,从调查摸底到培训班落实都有具体的安排。采取先调研培训需求,后定班、定专业、定学员、定教师、定场地、定培育手段,建立班主任、班长负责制,教师跟班制,具体工作日志制,细化工作指标,根据培训类别扎实施教,逐项落实。教学培训环节和教学培训过程管理有序,确保教学培训和后续服务等工作有条不紊的开展,提升培育工作成效。

(四)落实一个效果

牢牢把握"三高三满意"培育目标达成,即培育工作高标准、高质量、高效率,学员满意、专门机构满意、主管部门满意,全视角谋划、全方位管理、全过程质控,规范、完善、监控培训过程,逐班次核对学员信息,听取学员意见建议,核实培训资料的完整性、学员信息的真实性,落实应用学员培训效果评价,让学员真正达到头脑受教育、能力有提升、产业得发展、收入稳增加的良好效果。

三、主要成效

(一)加快了农业科技推广普及

培育的高素质农民在全县农业各个领域大显身手,充分发挥了示范带动作用,加快了农业新技术的推广步伐,促进了新型农业经营主体健康发展和农业主导产业高质量发展,优化了产业结构,增加了农民收入,打造了"崇信甜瓜""崇信芹菜""崇信红牛""崇信苹果""崇信核桃"等全省名特优新农产品品牌。

(二)培育了农村实用技术人才

2014年实施新型职业农民培育项目以来,共培育新型职业农民、高素质农民1333名,为发展农业生产培养了经营管理型、专业生产型、技能服务型农村实用技术人才,掌握了多项实用专业技术技能,文化素质和职业技能水平得到明显提高,为我县农业生产提供了人才支撑。

(三)充实了产业发展的主力军

培育的高素质农民带头创办企业、专业合作社、家庭农场,有力助推了产业发展。通过该模式培育的学员农民专业合作社负责人张亚东,2016年8月被平凉市科学技术奖评审委员会评为平凉市科技进步三等奖,2021年9月被中共平凉市委人才工作领导小组评为平凉市乡土人才(农业生产技术类);学员种植大户郭峰,2021年3月被平凉市科学技术协会评为2020年度全市科协工作先进个人。先后培育出的一大批高素质农民,充实了产业发展的主力军队伍。

四、经验启示

(一)构建政府主导支持、专门机构发挥主体作用的高效协同机制是根本

高素质农民培育是公益性、基础性、战略性事业,也是全民素质教育的短板,只有构建以政府主导、以专门机构为主体、多方积极参与的良性机制,才能确保取得实效。该模式最大特点是在县委、县政府的主导下开展培训,调动了各部门各乡镇和社会各界的积极性,专门机构农广校负责统筹协调、科学谋划,确保了培育工作的统一性、规范化和有效性。

(二)优化资源配置、建强培育体系是重点

着眼于培训资源的有效整合利用,对培训工作中涉及到的基地、师资、方式方法、教学管理、跟踪服务等相关资源广泛吸纳、有机融合,建立育管服一体化工作链,实现了强强联合、优势互补。

(三)抓好培育环节的规范精准、确保培养质量是关键

将"精准"贯穿于培训环节和培养过程,做到学员遴选、教学、培训、指导等各个环节的规范化、标准化,保证了培育质量。

(四)扩大线上培训、确保全员无缝衔接学习是方法

发挥互联网综合性、全天候、不间断优势,利用云上智农平台开展线上培训,学员在线学习率达到100%,扩大培训覆盖面和现代化新媒体手段的运用,深化拓展高素质农民跟踪服务和持续教育,满足学员不断增长的学习需求。

夯实人才基础　助力乡村振兴
——华亭市农业广播电视学校

一、背景

华亭市农业广播电视学校成立于1981年3月,现有教职工9人,是一所运用广播、电视、互联网等手段,采用文字教材、音像教材、计算机软件等多媒体,通过远程教育、面授辅导和生产实践,把科技文化、新型实用技术和致富信息传到千家万户,覆盖广大农村的远程教育培训学校。

近年来,因农村外出务工人员增多,种养殖经验丰富的主要偏向老龄化,主要劳动力年龄结构整体较大,农民教育培训工作遴选学员难度大,培训单位人员、物力有限,有培训需求的人才摸底不够充分,得不到系统全面有效的培育,给下一步夯实乡村振兴人才基础造成了一定影响。随着乡村振兴的不断推进,农村现有乡土人才的素质技能已经不能满足农业农村发展需求,急需培养一批"有文化、懂技术、善经营、会管理"的高素质新农人队伍,助力我市乡村振兴高质量发展。

近几年华亭市农广校在培训过程中发现农村还存在一大部分急需提素质、学技能的群体,但受信息延迟等因素影响,只有部分群体能得到培训,还有一部分群体未能及时纳入培育对象。2020年以来,依托高素质农民培育项目华亭市农广校多点发力不断优化遴选模式,按照"政府主导、部门负责、基地培育、农民受益"的基本原则,紧紧围绕"农民素质提升、农民收入提高、农业产业提质、农村发展和美"这一目标,加强统筹谋划,推进整合实施、优化完善遴选机制。建立了"五级联动"培育遴选机制,为助力我市农业农村和乡村振兴高质量发展,提供了强有力的人力保障和智力支撑。

二、主要做法

(一)加强领导,建立"五级联动"教育培训机制

全面整合资源要素,逐步形成了"县级主导、部门实施、乡镇配合、村级推荐、农民申请"的"五级联动"教育培训遴选机制。市政府出台了关于印发《华亭市新型职业农民教育培训制度(试行)》《培育认定管理办法及扶持政策(试行)的通知》等文件,培训开班仪式邀请市委、市政府分管领导讲"行政第一课",不断强化政府主导优势。涉农部门全面落实涉农项目政策、开展科技指导服务,提供项目、资金支持。市农广校全面负责遴选学员、征求培训意见、制订教学计划、优选培训教材、建立师资队伍、开展教育培训,全程做好考试考核、技术指导和跟踪服务,全力做好产业发展的"领路人"和人才振兴的"助跑者"。各乡镇按照全市产业布局,大力发展特色产业,培育新型经营主体,配合开展实习实践、实验示范等实训工作,成为乡村人才学以致用、助力振兴的广阔舞台。村级负责做好培训人员优选初审推荐,确保培训对象精准、培训需求精准。农民结合各自生产生活需求通过个人申请的方式自主参加各类实用技术培训和高素质农民培育。

(二)精心谋划,立足"三个精准"夯实培育基础

一是精准遴选参训人员。每年组织人员下乡进村入户、入企,全面开展摸底调研和征求培训意见建议。采取经营主体和个人申请、村社初审、乡镇推荐、农广校审核、登记填表的方式对符合条件的人员建立培育对象信息库,为实施精准培育奠定基础。二是精准制定方案计划。结合主导、特色产业发展现状和前期摸底调研,根据不同类型农民从业特点及能力素质要求,从组织培训、认定管理、政策扶持、跟踪服务、总结评价等方面,按照培训任务,针对不同产业、不同培训班次,分项目、分类别科学制定培训方案和操作性强的培训计划。培训方案和计划经农业农村局审查批复后组织实施,确保了培训工作的有序开展。三是精准确定培训

内容。培训班按照综合素养课、专业技能课、能力拓展课三大教学模块设置教学培训环节,确定培训内容。综合素养课把习近平新时代中国特色社会主义思想、精神文明建设、乡村振兴、"互联网+"农业、农民手机应用技能作为主要内容,根据实际,灵活增加内容。专业技能课和能力拓展课,重点以农业经营管理的先进理念、市场营销和生产技能为主,提升学员创业兴业和实践操作能力。

(三)强化管理,做到"五个严格"促进培育规范

一是严格教学管理。培训班实行由班主任具体负责、班长配合组织开展教学环节、小组长分工负责和学员自我管理相结合的方式进行班级管理,确保培育各个环节落到实处。同时,按照新时代、新农人、新风貌的理念,组织学员在课间休息时间开展文体活动,不断丰富培育形式。二是严格计划落实。把教学计划的落实作为教学培训工作的重要抓手,做到教学培训方案、计划、人员、时间、课时五落实、五到位。针对不同产业、不同培训班次,结合市内培训与赴外培训等不同形式,有序组织开展教学培训活动,在做好市内集中培训的基础上,组织学员赴外考察实践实训。三是严格资金管理。坚持培训补助资金实行专账管理、专款使用,明确资金用途,所有资金的列支严格实行报账制,做到票据、用途明细齐全。培训结束后,主动开展审计。四是严格档案管理。档案台账的建立与培训班次运行同步进行。培训开始对学员个人身份信息进行核实,并及时上传监管系统。每次培训教学活动都采集有日期自动生成的数码照片,确保培训真实有效。严格按照"一机构一案""一班一案"档案管理要求,各种信息资料统一整理归档。五是严格教学评价。每期培训班结束后,动员和组织培训学员及时登录"云上智农"APP对培训教师、培训班组织管理和培训效果等进行线上评价,学员每期参与评价的比例均达到90%以上,对发现的问题和学员建议及时研究解决。

(四)创新方式,做强"四位一体"提升培育效果

建立以农广校为主体,村级集体经济组织、实习实训基地、农民经营主体互为补充的"四位一体"高素质农民培育模式,做到资源共享、协同推进,实现乡村人才离校不离训,长期保持过硬技术、优良素质。该模式有四大特点:一是农广校负责,主体明确;二是农科教结合,产学研一体;三是四大课堂支撑,质量效果有保证;四是注重继续教育,保证农民离校不离训。做到了集中办班与自主学习相结合、理论学习与实践操作相结合、统一内容与个别指导相结合,破解了农民培育中

出现的诸多固有难题。全市村级集体经济组织管理人员中,持新型职业农民培训、农村实用技术培训证书和高素质农民培训证书的达到2350人;341个农民专业合作社负责农业科技大面积普及应用,保证农业新技术规范推广,提高农民组织化程度,增强市场竞争能力;25户农业产业化龙头企业助力乡村人才延伸发展,延伸产业链,带动规模经营,促进产业结构调整和实用技术推广应用。

三、主要成效

（一）培育了一批爱农业、懂技术、善经营的高素质农民队伍

近年来,大力实施新型职业农民培训、农村实用技术培训和高素质农民培育,累计培育新型职业农民和高素质农民2350人,在引领现代农业发展,壮大新型农业经营主体,提高农业生产效益等方面成效初显。

（二）培养了一批爱农业、爱农村、有技能的"新农人"队伍

累计培养各类"土专家""田秀才"912人,取得农民职称的各类乡土能人128人,农村社会事业发展带头人617人,为助力农业农村发展提供了人才保障。

（三）培训了一批能带头、会帮扶、作风硬的乡村建设主力军

围绕全市乡村振兴发展需求,对全市50个行政村"两委"成员开展了乡村治理及社会事业发展带头人培育,提升了村干部的政策水平和服务带动能力,为助力乡村振兴奠定了坚实基础。

（四）造就了一批有理论、懂技术、爱农民的"双师型"农民

培训师资队伍。利用继续教育、观摩实训等学习培训机会,努力提升农业技术人员的教育教学水平,并聘用65名具有中高级职称人员和12名"土专家"作为农民培训师资,建立师资库,有效提升了培训质量。

（五）构建了有主体、多层次、广覆盖的农民培训体系

初步建立了以农广校为主体,以农业院校、农技推广机构及其他社会力量为补充,以农业企业、农民合作社为基地,满足农民多层次、多形式、常态化、制度化教育培训需求的农民培训体系,全市现有培训机构12个,实训基地15个。

（六）探索了一批较典型、易操作、可复制的农民培训新模式

培训全程实行"集中理论培训+交流研讨+实践实训+现场观摩"等学习培育模式，采用"行政干部讲政策、专家教授讲技术、企业能人讲经验"等有效形式，让学员结合实际学、带着问题学、深入思考学、互相交流学，全面提升了培育培训效果。

四、经验启示

（一）实现了培育对象"百花齐放"

通过精准遴选培育对象，培养了一批有生产需求、经营需求和发展需求助力农业农村产业和社会事业发展的领头雁，各类产业人才、"土专家""田秀才""新农人"和乡村能人"百花齐放"，不断夯实我市乡村人才振兴基础。

（二）实现了培育模式"多点发力"

通过县级党委政府主导、涉农部门政策衔接、乡镇支持配合、村级初选推荐、农民个人自愿申请的"五级联动"培育培训模式，形成了上下一条线，各级凝聚共识，"多点发力"的培育格局，农民教育培训模式不断规范。

（三）实现了培育成效"蒸蒸日上"

通过"四位一体"的培育模式，不仅打通了培育的难点堵点，优化了体制机制，更为学员适应新形势下素质能力和技能提升奠定了扎实基础，"学习研讨+实操观摩"等学习培育模式，促进我市农民培育成效不断提升。

"一围绕 三提升"培育高素质农民
——玉门市农业广播电视学校

一、背景

玉门市农广校于1989年批准成立;2003年加挂玉门市科技教育培训中心;2006年成立玉门市信息中心,与玉门市农广校合署办公,实行"三块牌子一套人马",核定财政全额拨款事业单位编制5名。2022年11月,玉门市深化事业单位改革试点,整合玉门市农业广播电视学校等4个事业单位及相关职能,组建成立玉门市农业技术服务中心。

近年来,玉门市农民专业合作社等新型农业经营主体快速发展,但是受自身能力和素质等影响,发展瓶颈制约明显,尤其是农民专业合作社亟待规范提升。种植养殖大户缺乏科技发展能力,经营规模小,受市场影响大,农业产业发展后劲不足,因此,提升新型农业经营主体的生产经营能力和创新发展能力、致富带动能力成为高素质农民培育的主要目标任务。

玉门市高素质农民培育紧紧围绕"蜜瓜、枸杞、蔬菜、养殖、种业"产业发展需求、高标准农田建设等重大项目,提升农民专业合作社带头人的致富带动作用;提升种植养殖大户的专业技能水平;提升新型农业经营主体生产经营能力和创新发展能力需要为宗旨,分专业、依产业开展农民专业合作社带头人、产业扶贫带头人、农业经理人和种植养殖大户为主的培育。共培育高素质农民1853人,其中培育经营管理型职业农民753人、专业生产型职业农民390人、技能服务型职业农民710人。培育农民专业合作社带头人及骨干社员601人,占合作社总数100%;家庭农场主和种植养殖大户720人,占家庭农场主和种植养殖大户的39%。

二、主要做法

(一)分专业,精准遴选高素质农民培育后备学员

按照"培训什么产业的技能,遴选什么产业农民"的原则,根据省农业农村厅合作社带头人"万人培训计划",提升农民专业合作社带头人素质和规范合作社管理、运营。结合我市农民专业合作社提升和示范性合作社申报,深入到各乡镇遴选农民专业合作社带头人培育对象,精准遴选农民合作社带头人和合作社骨干社员,分产业类型、分专业建立培育学员库。围绕我市戈壁生态农业和农业重点产业发展需求,各培育机构积极组织人员深入乡镇、农业示范园区、家庭农场开展摸底调查,遴选符合条件的种植养殖专业大户、有培训需求的回乡农民创业者,分专业明确培育对象,为精准培育打好基础。

(二)依产业,合理布局建立农民田间学校和实训基地

为提高农民培训能力,结合产业发展需要,深入农民专业合作社、农业科技示范园区、特色农业示范基地考察,依托产业布局,依据"四有五统一"建设标准,认真遴选农民田间学校和实训基地,先后确定玉门镇恒旺农业示范园区、柳湖镇戈壁农业产业园、赤金镇"冬韭王"韭菜农民专业合作社、清泉乡康源果蔬农民专业合作社等单位为农民田间学校和实训基地,建设农民田间学校7所。每个农民田间学校均落实容纳50人以上、年开展培训5次以上的培训教室1个,建立了管理办法和制度。选聘潘建强、张问余等11名乡土专家,为农民田间学校的实训指导员,开展现场操作实训等,确保高素质农民实习实训的落实。

(三)请进来,送出去,精心培育新型农业经营主体

每年组织合作社带头人、家庭农场主等新型农业经营主体到山东寿光、陕西杨凌、甘肃张掖前进村等国家级农村实用技术人才培训基地集中培训、参观学习

等。一是围绕农民专业合作社规范运营、管理,培育合作社带头人的创业精神、产业带头作用;二是围绕提升新型农业经营主体综合素质和经营管理能力,培育带头人带动农民增收、联结小农户闯大市场的能力;三是围绕激发新型农业经营主体发展动力,培育抵御市场风险能力和科技创新能力。通过请专家教授专题讲座《互联网+开启农业新时代》《农产品市场营销策略和品牌建设》《农民专业合作社建设与管理》等必修课和农业前沿知识课,提升学员的知识理论素质。到国家、省级示范性农民专业合作社等实训基地实训实习,开阔眼界,拓宽合作渠道等,进一步增强合作社带头人的政策把握、法规意识、科技创新能力、合作发展能力。

(四)加"一课",突出培育导向和目标

围绕产业发展,瞄准创新发展能力和生产经营能力提升,在集中培训中加入"农业项目"专题课,开展农业项目专题交流、围绕农业重点项目建设现场参观学习,突出与生产实践相结合。紧紧围绕农业产业发展,实施"公共课+专业课+农业项目+实训实习+参观学习"培育培训,制定专业培育计划,分类实训,增强针对性和实效性。将实习实训、参观学习安排在产业带领作用好的农民专业合作社、龙头企业,为培育学员提供技术咨询服务,现场解决实际问题。

三、主要成效

(一)推动了新型农业经营主体发展

围绕产业需要开展高素质农民培育,助推了韭菜、枸杞、蜜瓜、养羊等农业产业发展,农业产业化升级,如:"冬韭王"韭菜农民专业合作社通过利益联结机制,在"冬韭王"品牌效应的带动下,赤金镇的张问余等新农民将产区内的多家韭菜农民专业合作社组织起来,成立农民专业合作社联合社,带领周边农户标准化种植日光温室韭菜,实现品牌、生产、管理、销售等统一,韭菜大田、拱棚、日光温室种植面积达到2万亩以上,产业已成规模,占赤金镇耕地面积60%,韭菜全部外销到北京、上海、陕西、新疆等地,年销售总收入近5000万元,全镇农民收入的70%来自韭菜产业。"冬韭王"品牌韭菜还上了人民大会堂的餐桌。

(二)为现代农业发展提供了人才支撑

通过培育培训,带动农业新技术、新品种、新成果推广应用,增加了农民收入。

近年来,设施蔬菜、特色林果种植、设施养殖等新技术应用规模逐年扩大,农业生产科技含量不断提升。如邀请山东的韭菜专家到玉门实地培训,培育韭菜种植合作社带头人、种植大户110人,带动日光温室韭菜穴播技术的推广,提升了设施韭菜种植的标准化生产。

(三)农业生产产出效益提高

分专业分类型培育高素质农民,促进了农产品品牌化、产业化,线上线下销售能力提高,农产品买难卖难缓解,经济效益提高。如花海镇中渠村的高素质农民史学生、尚国生等,将农民专业合作社建在大畅河现代农业示范园区,通过土地入股、资金入股、技术入股等形式,吸纳当地产业能人和大场大户25户加入,采用连栋拱棚形式规模化发展蜜瓜产业,形成"合作社+农户+基地"的运行模式,建成蜜瓜产业园,发展连栋拱棚蜜瓜2000余亩,带动花海镇蜜瓜种植面积达3万多亩,每年近万亩花海蜜瓜实现错峰错季销售,销售价格稳定在5元/公斤以上,蜜瓜亩均收入1.5万元,年收入达3000万元以上。蜜瓜远销越南等东南亚国家和广州等一线城市。吸引周边乡镇农民就近就业1万人。

(四)新型农业经营主体稳步增加

通过高素质农民培育,提升新农民科技素质,为农业产业化造就"精英团队",创办农民专业合作社、成立家庭农场、种植养殖等专业大户不断增加,农民向专业化发展,特色种植扩规模,新农民正在成为农业产业发展和乡村振兴的"领头羊"。如下西号镇下西号村的高素质农民焦慧平,创办玉门市杞农枸杞农民专业合作社已成为一个拥有办公场所400m²、管理人员5人,专业技术指导5人、软件硬件设备较为完善的专业服务机构,生产加工的枸杞产品成功注册"华夏杞宝"商标。合作社还与内蒙古客商合作成立甘肃表青惠农农业有限公司,以加工优质枸杞干果为主业,新建枸杞生产基地4000多亩和年产3000吨枸杞干果烘烤设施9套,逐步形成"公司+农民专业合作社+农户"的生产经营模式,枸杞产业持续发展。

四、经验启示

(一)"加一课",助力高素质农民借力发展

项目资金的争取利用,对农业产业的发展壮大不可或缺,是今后相当长的时

期里乡村振兴及人才培养的主要支撑。争取项目、利用项目、落实项目,对农业产业化,具有"四两拨千斤"作用。高素质农民培育采取"集中培训、参观学习、实习实训"+"项目争取和利用"的课程,对提升新型农业经营主体抢抓政策机遇、利用项目建设资金,增强和壮大经营实力具有引导作用,助推产业振兴。

(二)依产业办田间学校,专业化培育技能人才

我市在韭菜、枸杞、人参果、蜜瓜等产业主导产区建设田间学校6所,已开展农民培训1000多人次。近年来,冬韭王农民田间学校、恒旺农民田间学校主动承担高素质农民培育任务,培育韭菜种植大户100人、枸杞林果种植大户100人,实现技能提升、收入增加的同时,带动周边农户规模种植,有力推动了韭菜、枸杞产业发展。实施专业化培育高素质农民,强化培育产业技能人才的导向性,为农业产业化补短板、延链条。进一步明确了"为什么培育、培育什么人才"的目标和责任。产业链上办农民田间学校,也解决了农民"工学"矛盾。

(三)培育新型农业经营主体带头人发展能力,抓住了农民中的"关键少数"

围绕农业产业发展、粮食安全生产、高标准农田建设等重点项目需要,精准遴选培育对象,重点培育新型农业经营主体带头人,为高素质农民搭建交流平台,促进了学员互学互助。同时,以培训为纽带,客观上促进了参训农民协同合作,组织抱团发展、协助发展、互补发展,形成了"培育一人、致富一家、带动一片"和农民共同创业兴业的良好局面。

通过围绕产业发展需求、重大项目实施,遴选高素质农民培育后备学员,分类型、分专业培育高素质农民,着力提升农民专业合作社带头人的致富带动作用;种植养殖大户的专业技能水平;新型农业经营主体生产经营能力和创新发展能力及高素质农民的整体素质有了较大提升,同时也拓宽了他们的发展思路、创新思维,起到了示范带头作用,已逐步成为玉门农业产业发展的生力军。

建好农民田间学校
积极培育乡村人才
——泾川县农业广播电视学校

一、背景

泾川县农业广播电视学校成立于1981年,为泾川县农业农村局所属科级公益一类事业单位。学校加挂泾川县农民科技教育培训中心牌子,现有编制15人,外聘兼职教师30人,承担农民科技教育培训、中等职业教育及中专后续教育等职能。

近年来,在县委县政府的正确领导和省市业务部门的精心指导下,以服务县域特色产业开发,促进乡村人才振兴,农民持续增收为根本,各项工作取得了显著成效,学校先后被授予为"全国农业广播电视教育先进集体""全市农民培训先进集体"等称号。

乡村要振兴,人才须先行。作为农民教育培训的主渠道和主阵地,泾川县农广校以创建农民田间学校为主抓手,加快构建高素质农民教育培训体系,全面提高高素质农民教育培训服务能力,深入推进高素质农民培育工作。相继建成了苹果产业田间学校4所,蔬菜产业田间学校3所,畜牧养殖产业田间学校2所,共9所农民田间学校,在农民教育培训中发挥着示范引领作用,为促进乡村振兴,农民持续增收作出了积极贡献。

二、主要做法

农民田间学校是以新型农业经营主体为依托,以农民为中心、以需求为导向、以田间为课堂、以实践为手段的农民教学培训模式,改变传统课堂式教学,让农民在干中学、学中干,调动了农民参加教育培训的积极性,并实现了教学过程与生产过程、农时季节紧密结合,实现了农民教育培训与农业产业发展的深度融合。

(一)尊重农民意愿,建设田间学校

在农业农村部门主导下,充分尊重农民意愿,突出以农民为本,按照农民需要,立足就近和方便农民学习,调动农民的积极性和主动性建设了农民田间学校,积极引导农民田间学校发展,鼓励乡村及农民专业合作社、农业企业、家庭农场建设农民田间学校。

(二)立足特色产业,科学布局建设

立足我县果、菜、畜特色优势产业,结合高素质农民培育规划,按照塬区苹果、川区蔬菜及山区养殖的思路规划建设农民田间学校。目前已建成苹果产业田间学校4所,蔬菜产业田间学校3所及养殖产业田间学校2所。在农业产业链建设农民田间学校,推进农民教育培训与农业产业发展深度融合。

(三)依托经营主体,推进学校建设

充分利用农民专业合作社、农业企业、农业园区等新型农业经营主体与广大农民联系紧密的优势,充分发挥新型农业经营主体的教育培训场地和实验实训场所作用,促进"两新"并行、"两新"融合、一体化发展。突出农民合作社在农民田间学校建设中的独特作用,拟建设农民田间学校的农民合作社,必须要有较好的产业基础、有较多的农民学员、有固定的培训场所、有规范的管理制度、有基础的教学设备等条件。

(四)统一建设标准,逐渐稳步推进

以"一组、一员、一田、一批、一栏、一网"为建设标准,确保农民田间学校长期可持续发展。即:一个运行小组、一名农民辅导员、一块科学试验示范田、一批科技示范户,土专家、一个信息宣传栏、一个互联网平台。农民田间学校建设是一项全新的探索性工作,农广校在推进工作中,积极探索,以改革创新的思维大胆实践,科学安排,规范操作。按照农民田间学校建设标准,高标准、严要求推进,确保建设一个、成功一个。

（五）严格规范管理，突出实用实效

适时研究制定了《泾川县农民田间学校管理办法》，确定每个田间学校由1~2名专业技术人员包点负责的管理机制。包点人员坚持经常深入学校，了解掌握全村产业发展状况，群众培训需求，年初制定学校培训计划，根据农时季节组织开展培训，真正让学校发挥为农民服务的作用。领导坚持经常性巡回检查。包点人员每半年集中汇报一次，年终形成总结汇报。

（六）积极创新模式、纳入培训体系

充分利用农民田间学校创新农民教育培训模式，提升高素质农民培育质量。将农民田间学校纳入全国农民教育培训体系，发挥农民田间学校在基层农民教育培训工作中的基础支撑作用。

三、主要成效

（一）有效改善了基层培训条件

农民田间学校建在乡村，贴近农民，服务农民，往往与村级组织或农民专业合作社联合建办，很好地解决了基层农民培训设施条件差的状况，方便了农民就近就地参加培训学习。

（二）培养了一批高素质农民

近年来，累计培养高素质农民2785人，其中新型农业经营主体带头人462人，产业发展带头人783人，社会化技能服务人才568人，开展农业实用技术培训5.8万人次。涌现出甘肃青年五四奖章获得者1人，优秀创新创业青年2人，全县"务果能手""种菜能手"等11人。

（三）坚持学用结合，锻炼了学员实践操作能力

田间学校突出以田间为课堂、以实践为手段，把培训班办到果园、菜棚、田间地头，变单纯的理论讲授为室内与室外相结合，学员走向室外深入田间地头动手操作实习，真正实现了学用结合、教学相长，增强了培训的针对性、实践性和感染力。切实提高了学员对农业新技术的应用和转化能力。

(四)加强了师资力量建设

农民田间学校对教师提出了更高要求,不但要求教师有扎实的理论功底,更要有丰富的实践操作能力。田间学校创办以来,广大专兼职教师积极适应培训新变化、新要求,努力提升自身素质,不断研究教材教法,积极提升实操能力。培养造就了一支既有教学培训能力、又具备实践指导能力的"双师型"教师队伍,满足了农民教育培训多元化的需求。

(五)形成了部门联动培训平台

围绕田间学校近年还开展了农村劳动力转移培训、新型农业经营主体带头人培训、巾帼创业创新技能培训、青年农民科技培训等培训活动。田间学校也成为农村党员、妇女、青年等社会团体接受培训、增强发展能力的重要阵地。同时也成为农业、林果、人社、科技、妇联、团委等部门进行政策宣传、科技培训、能力提升的有利平台。

四、经验启示

(一)政府主导、农广校发挥主体作用是根本

高素质农民培育是公益性、基础性、战略性事业,也是全民素质教育的短板,只有构建以政府主导、以专门机构为主体、多方积极参与的良性机制,才能确保取得实效。在县委县政府主导下建设农民田间学校,调动了各部门各乡镇和社会各界的积极性,专门机构农广校负责统筹协调、科学谋划,确保了建设工作的统一性、规范化和有效性。

(二)创新培训形式,是农民田间学校存在的灵魂

农民田间学校改变了传统的"填鸭式"、单向输出式教学,充分尊重了农民接受培训工作的特点,即:看得见、摸得着,言之有物;重在知道"怎么干"。在培训中大力推行互动式、问答式、演示式培训,让学员在培训中"动"起来,培训效果事半功倍。例如这几年的蔬菜育苗技术培训、果树整形修剪培训在农民田间学校现场进行,学员普遍反应学到了真正有用的东西。

（三）加强日常管理，是农民田间学校成败的关键

农民田间学校实行两级分层管理，日常运行维护由依托主体负责，培训期间由农广校负责。农广校包点技术人员负责田间学校年度培训计划制订、培训需求调研、培训组织实施、培训效果评价及学员跟踪回访等。通过规范管理，确保田间学校运转良好，随时为培训学员服务。

（四）群众得实惠，是农民田间学校的不竭动力

农民田间学校的所有工作归根结底是让群众得到实惠，一是经济效益显现，通过技能的提升、技术的规范、管理的到位，群众在产业上的收入明显增加。二是社会效益良好，通过农民田间学校成长起来的一批带头人，成为新型农业经营主体创办者、创新创业新农人、村组织负责人等，加强了农村基层组织建设，促进了社会主义精神文明建设和法治建设。

"543"高素质农民培育模式
——合水县农业广播电视学校

一、背景

合水县农业广播电视学校成立于1984年9月,为财政全额拨款副科级事业单位,主要负责全县农民科技教育培训任务的组织、管理和实施以及农民职称认定工作、农民学历提升等业务。单位现有教职工8人,其中高级农艺师2人,农艺师4人,事业管理人员2人。

习近平总书记在2022年中央农村工作会议上强调:"全面提升农民素质素养育,育用好乡土人才"。目前,在高素质农民培育方面依然存在一些问题,比如政策资源分割、培训方式与实际需求脱节、对小农户的带动不足、培育效果不佳等问题,在一定程度上阻碍了高素质农民的培育发展,甚至影响了农村经济的发展水平。基于现实问题和挑战,合水县农广校在高素质农民培育工作中积极探索、勇于创新、大胆实践、认真总结,形成了"543"高素质农民培育模式。

"543"高素质农民培育模式共有三大板块,涉及整个高素质农民培育过程。它的主要特点是:在传统中创新、突出实效、有针对性。"543"高素质农民培育模式为合水县高素质农民和乡村振兴人才培育等农民培训提供了可借鉴、可复制、可推广的地方样本。

"543"高素质农民培育模式主要内容：5即"五个到位"：组织到位、分工到位、监管到位、宣传到位、服务到位；4即"四个关键"：学员遴选，关键在"精准"、师资选聘，关键在"口碑"、课程设置，关键在"适用"、培训模式，关键在"创新"；3即"三个指导"：集中指导、入户指导、网络指导。

二、主要做法

为了提升高素质农民培育效果，合水县农广校师资团队结合全县农业产业发展实际及农广校教学资源，在充分借鉴国内外发达地区农民教学经验的基础上，对现有的农民培训被动式教学方法进行了大胆创新，经过2020至2022年三年不断探索、改进和实践，开创了"543"高素质农民培育模式，培训效果明显。

（一）落实"五个到位"，精准安排部署

1.组织到位，落实责任。成立由县长任组长、分管农业的副县长任副组长，由县农业农村、财政、审计等部门及各乡镇长为成员的合水县农民高素质农民培育工作领导小组，具体负责高素质农民培训项目的组织实施、检查验收等工作，为全县高素质农民培育工作顺利实施提供强有力的组织保障。

2.分工到位，明确职责。由县农业农村部门负责制订实施方案并组织实施，县财政部门负责资金拨付，县审计部门负责资金监管，各乡镇配合培训项目实施。

3.监管到位，各负其责。由县农业农村局委托农广校全程监管培训机构培训实施全过程，确保参训人员、培训时间及培训各个环节落实到位，并将参训学员按时录入监管系统。农业农村局局属各职能单位派人全程参与，监督第三方机构保质保量完成培育任务。

4.宣传到位，营造氛围。充分利用网站、电视台、报刊等媒体及入户指导等方式，加大对培训工作和典型学员的宣传报道力度，为农民培训工作的顺利开展营造良好的社会氛围。

5.服务到位，精准施策。培训前，对学员餐饮、住宿、观摩、实训等场所进行考察对比，从中选优，给学员提供一流的学习环境和舒适的食宿环境，让学员在培训过程中，学的安心，住的舒心。同时，对有产品推荐服务需求的学员搭建平台，提供营销环境。

(二)抓好"四个关键",确保培训实效

1.学员遴选,关键在"精准"。结合合水县"五个十万工程"(十万头肉牛扩繁工程;十万只奶山羊培育工程;十万亩牧草保障工程;十万亩果品提质工程;十万亩瓜菜增效工程)的实施,承担培育任务的各培训机构联合乡镇、相关职能单位分类型、分层次、分专业精准遴选学员,按需开展培训。

2.师资选聘,关键在"口碑"。优先聘用学员反响好、农民培训经验丰富、授课形式灵活多样的专家教授、"土专家""田秀才""致富能手"担任培训师资,为学员传授先进的生产技能和经营理念。

3.课程设置,关键在"适用"。立足学员产业发展和培训需求,对课程设置从内容到形式进行全方位、各环节精细设置,力求课程"土"而"专","精"而"活",开展"点餐式"培训。

4.培训模式,关键在"创新"。在传统培训模式的基础上,将党建工作贯穿到农民科技培训的全过程,如:党建专家走进农民培训课堂(邀请党建专家为农民学员解读"三农"政策、宣讲国家大政方针),党建活动融入农民培训环节(邀请优秀农民党员,为学员分享创业成功经验;组织农民培训学员在红色教育基地开展以"传承红色基因,争做合格的高素质农民"的主题党日活动),党建阵地用于培训场所(借助村委会党员活动室举办农民培训班,让农民在家门口就能接受到免费培训,时刻感受到党和政府的关怀);与高校和中共中央组织部、农业农村部确定的农村实用人才培训机构合作,借鉴校外办学力量,推动合水县高素质农民培育工作。近年来,合水县农广校先后与西北农林科技大学、陇东学院、张掖市前进村农村实用人才培训基地合作,侧重学员创业技能提升,联合举办专题培训班,不仅使学员转变了思想观念、开阔了眼界,借鉴到了外地先进的办学理念,而且为加快合水县高素质农民培育的工作进程提供了人才和智力支撑。

(三)强化"三个指导",注重跟踪问效

1.集中指导,开展延伸服务。针对农民生产经营中遇到的困难和共性问题,集中开展技能提升培训,同时提供产品推介等延伸服务,提高参训学员的综合素质。

2.入户指导,开展精准服务。针对不同学员的个性需求,定期或不定期邀请专家进行入户指导,"面对面"现场解决学员技术难题,为学员产业发展提供精准服务。

3.网络指导,开展持续服务。通过电话回访参训学员、班级微信群交流、视频聊天等方式持续开展网络跟踪指导,使学员不受时间、地点等因素的限制,可以随时随地开展咨询服务,及时解决技术难题。

三、主要成效

近三年来,合水县农广校利用"543"高素质农民培育模式,共培育高素质农民1870人,其中经营管理型高素质农民310人,占培训总人数的16.58%;专业生产型高素质农民710人,占培训总人数的37.97%;技能服务型高素质农民850人,占培训总人数的45.45%。在已培育的学员中,苹果生产专业学员320人,占17.10%;畜牧养殖及服务专业学员500人,占26.74%;合作社负责人310人,占16.58%;种植专业学员180人,占9.63%;村级公益设施维护员专业80人,占4.28%;农村电商专业150人,占8.02%;乡村振兴人才专业150人,占8.02%;农资经营专业60人,占3.21%;农产品监管协管员专业120人,占6.42%。培训中涌现出了如朱彦明、贾兆杰、向小宁等12名优秀高素质农民培训学员创办的农业企业、专业合作社及家庭农场,多次为高素质农民培训现场教学提供了观摩点。同时,龚峰、曹伟、张卫东等5名优秀高素质农民学员创办的农民田间学校,已成为合水县农民科技培训现场教学基地。通过培训,参训学员各项技能提升后所增加的经济效益每年至少在2000万元以上,社会效益显著。

四、经验启示

合水县农广校通过对高素质农民培育模式的改革创新,卓有成效地促进了高素质农民队伍整体素质优化,逐步形成了多样性、灵活性和创新性的教学方式方法,为各地深化高素质农民培育工作提供重要借鉴和价值启示。

合水县农广校在高素质农民培育过程中进行了积极探索和大胆实践,一方面整合了高校、专业培训机构、家庭农场、农民合作社等多方力量构建高素质农民培训体系,充分发挥不同主体自身优势,形成培训合力。另一方面在学员遴选上与县妇联、质监站、农经局、农业执法大队等部门联合,共同遴选了一大批培训意愿强、有潜力的涉农人员,挖掘潜在的农业从业者作为高素质农民培育对象;第三方面对培训后学员实行动态化、跟踪性的技术指导和生产扶持,为后续优化教育培训计划,精准安排培训内容提供了实践依据,从而大幅度提升了培训效果。"543"高素质农民培育模式的经验表明,高素质农民培育应打破传统的以政府为主导的培育机制,创新培育模式,引入社会力量参与。同时,还应强化"培训链"与"发展链"之间的有效衔接,高度关注培训后高素质农民的成长进程。

严把"六关"促进古浪肉羊产业高质量发展
——古浪县农业广播电视学校

一、背景

古浪县农业广播电视学校成立于1981年,是一所面向农村的成人中等专业学校,现有专职教师6名,兼职教师28名。办学四十多年来,古浪县农广校累计招收大、中专生2053名,已毕业1721名。毕业学员大部分已成为我县农业生产的技术骨干,有250多人参加全县各类科学试验和推广项目130多项,有70多人获省、地、县科技进步奖和科技成果奖。全县70%的村干部是农广校学员。这些乡土人才边学边用,学用结合,利用所学知识服务当地经济建设和农业技术推广,在助推精准扶贫、巩固脱贫攻坚成果、推进乡村振兴等方面发挥了积极作用。

近年来,古浪县肉羊产业立足传统养殖优势,坚持走生态优先、绿色发展之路,按照"建基地、强龙头、延链条、聚集群"的产业发展方向,通过采取加大政策扶持力度、增加资金投入、扩大规模养殖、注重科技推广、发展经营主体、强化疫病防控和加强质量监管等综合措施,从龙头引进、品种改良、链条延伸、品牌打造等方面精准发力,系统推动羊产业高质量发展,使全县肉羊产业发展步入快车道,羊产业已成为古浪县农民增收致富的支柱产业。

从2020年开始,高素质农民培育工程服从服务于古浪农业农村经济发展大局,把肉羊养殖经营主体(农户)的培训,作为促进古浪肉羊产业发展的有力举措,从学员选定、课程安排、教师选聘、培训方式、实习实训及跟踪服务等多环节,精心准备,严格管理,所有村级防疫员和千只羊场经营主体全部参加了培训,为造就一支懂技术、善经营、会管理的高素质肉羊养殖及营销队伍,走出一条古浪肉羊产业发展特色之路,作出了新时代农广人的贡献。

二、主要做法

根据甘肃省农业农村厅高素质农民培育的有关要求和资金管理规定,结合古浪县高素质农民培育工程的实际和古浪县肉羊发展现状,县农广校出台高素质农民培育(羊产业)实施方案,由局党组召集乡镇领导、省市科研院所专家、县业务部门领导和技术骨干、养殖经营户代表、农广校人员等参加的会议,对"实施方案"进行反复讨论修订,集思广益,最后形成符合古浪羊产业发展需求、可操作性强的"实施方案",为做好高素质农民培育(羊产业)奠定基础。重点把好以下"六关":

(一)认真遴选学员关

按照各乡镇建立的养羊户、养殖场资源信息库,重点遴选年龄在18~60周岁、有一定文化基础、能吃苦、肯干事、想创业、盼致富的养羊户(养殖场)为培育对象,对县上授予"乡土人才"称号的养羊户优先,通过重点培育,进一步拓宽知识面,了解省、市、县出台的有关羊产业扶持政策,并利用政策、宣传政策,增加收入,充分发挥带动能力。

(二)精心选优教师关

教师教学能力是高素质农民培育质量的基础,教学水平直接影响培训学员的学习效果。县农广校对照高素质农民培育(羊产业)师资库和学员对教师教学水平的反馈,不断更新和优化师资库,优先聘用表达能力强、实践经验丰富的15名教师,通过政策和资金倾斜,不断激发教学潜能,真正达到让学员学有所获,促进生产的目的,切实感受到专家高水平技术培训和现场服务带来的效果。

(三)科学设置课程关

分三个层次设置课程,一是相关法律法规。把《中华人民共和国畜牧法》《中华人民共和国动物防疫法》《中华人民共和国农产品质量安全法》《动物检疫管理办法》等法律法规列入培训课程,使得养殖户知法、遵法、守法;二是省市县扶持政策。对省上出台的"三品一标"、"甘味"农产品、粪污资源化利用、产业化龙头企业认定、农业保险等扶持政策,县上出台的"古浪县农业产业奖补方案""古浪县促进羊产业持续健康发展的若干扶持政策""古浪县中小企业发展专项资金管理办法"等优惠扶持政策列入培训内容,大力宣传,使学员知晓政策、享受政策;三是组织专家编写出版了适于古浪羊产业发展的《规模养羊实用技术》。教材从圈舍设计、品种引进改良、饲喂管理、疫病防控、市场营销等全过程全系统进行了介绍,该教材2022年被中央农业广播电视学校评为"农民教育优秀教材",被确定培育羊产业的核心教材。

(四)创新培训方法关

一是课堂教学与实习实训相结合。课堂集中教学任务完成后,带领学员到省内外现代农业示范园区、交易市场、屠宰加工企业等进行实习实训,学习经验,开阔眼界,拓展思维。二是分散管理与技术推送相结合。为方便服务学员,每期培训班建立微信群,根据季节特点、市场行情等,专家服务团队或授课教师不定期在群里发送饲草调制、疾病防控、营养补给等技术信息,将课堂办在微信群。三是线上咨询与线下服务相结合。充分利用国家科技特派团、甘肃农业大学、甘肃畜牧工程职业技术学院等专家团队层次高的优势,大力开展"线上+线下"模式,有针对性的服务技术骨干、养羊大户(养殖场)等,提高技能,发挥骨干引领作用,为周边群众提供服务。同时,动员学员充分利用"中国农村远程教育网"在线学习平台、"甘农云app""云上智农平台"等进行学习,切实提高农业科技普及程度,让学员熟练掌握实际操作技能。四是流动课堂与跟踪服务相结合。县上建立专家服务团队,利用科技直通车开设流动课堂,巡回开展羊产业科技培训和技术指导,加强后续跟踪服务,切实解决养羊户(养殖场)生产中存在的疑难,提高养殖户的生产技能、经营管理水平及传帮带能力。

(五)加强跟踪服务关

古浪县农广校每年组织授课教师对高素质农民培训学员进行后续跟踪服务,采取"一对一""一对多"或"多对一"的方式,详细掌握他们在发展羊产业过程中遇到的困难和问题,现场组织养羊户召开座谈会,为其提供肉羊饲养管理、疫病防治、饲草调制、羔羊育肥等方面技术指导,解答群众疑难。同时,抢抓国家科技特派团专家服务古浪的有利时机,带领特派团专家深入学员养殖场,发现问题,指出不足,提出解决问题的办法,在现场进行落实。累计培训养羊户(养殖场)2860多户(次),跟踪服务学员1600多户,万只羊场、种羊场、千只羊场的养殖户全覆盖,为古浪羊产业发展保驾护航。

(六)严格资金使用关

认真贯彻落实高素质农民培育资金管理办法,严格按照高素质农民培育项目补助资金规定用途进行相关支出,主要包括教材费、教师讲课费、交通费、学员食宿费、教学耗材、广告宣传费、实习基地建设、认定管理、后续服务费用等,大额开支由农广校全体职工集体讨论,并办理询价手续,规范报账程序,对培训资金实行专账管理,保证专款专用。

三、主要成效

养羊户(养殖场)通过参加高素质农民培训,对县委县政府连续多年出台的促进羊产业持续健康发展的若干扶持政策,有了更加深入的理解,养殖技术水平不断提高,特别是通过省内外的观摩学习,增进了同行之间的交流,开阔了思路和眼界,进一步激发了学员的养羊积极性,结合自己的养殖现状,加大资金投入,积极扩大养羊规模,对全县羊产业发展作出了应有贡献,全县羊产业发展步入快车道。

(一)抓母羊扩群,优化养殖结构

以能繁母羊培育为重点,学员们大力进行外引内繁,加大良种母羊引进和繁育力度。带动养殖户进一步调整优化肉羊养殖结构,全县基础母羊存栏量达到90万只,年繁育羔羊160万只,推动羊产业逐步从外引育肥为主向自繁自育转变,降低养殖成本和市场风险。

（二）抓要素保障，激发内生动力

通过对355名县乡村三级动物防疫员的全面培训，这些防疫员包户进棚抓防疫，做到重大动物疫病应免尽免，有效保障了肉羊产业健康发展；学员们了解农业保险政策，认真落实政策，对符合参保条件的肉羊做到应保尽保，降低肉羊养殖风险，切实保护养殖户生产积极性。

（三）抓示范带动，延伸产业链条

一些学员转变思想观念，坚持以工业化理念发展现代农业，积极兴办畜禽交易市场和屠宰加工企业，建成古浪县森茂、国茂牛羊交易市场和中天、四海等肉羊屠宰加工生产线，交易市场日交易肉羊1.5万只以上，肉羊年屠宰加工能力达到140万只，肉羊产业链进一步延伸，全县羊产业逐步向"以产促销、以销促产、产销结合"的良性循环方向发展，进一步打通产供销全产业链发展壁垒。

四、经验启示

高素质农民培育是一项系统工程，全面总结经验，把此项工作抓出成效，才能突显农广校存在的价值。

（一）高素质农民培育必须与全县农业农村重点工作同频共振

高素质农民培育必须服从服务于全县农业农村重点工作，作为农广校领导要时常掌握农业农村重点工作动向，加强与局领导的汇报沟通，在年初进行学员培训摸底时，必须围绕支柱产业摸底；培育计划下达后，积极与农业农村局、乡镇及相关部门、重点人群协商讨论，最终确定培育人选，经过培训，把他们培育为示范户，带动周边群众发展致富增收产业，壮大县域支柱产业。

（二）高素质农民培育必须把法规政策与技能培训相提并论

把大力宣传农业法规、省市县出台的相关扶持政策与农业技能培训放在同等位置，采取集中培训与进场入户相结合，抓住高素质农民培训、冬春科技大培训、国家科技特派团帮扶等有利时机，想方设法提高政策知晓率，做到落实政策与提高技能相互促进，成为推动支柱产业发展的"加速器"。

（三）高素质农民培育必须把跟踪服务与绩效评价成为常态

成立以局分管领导任组长,农广校、乡镇农业综合服务中心、遴选的实习教师等为成员的跟踪服务小组,根据农时季节,经常性深入学员中,听取学员对培训的看法、遇到的技术难题等,询问在甘农云、科技大讲堂等业务学习进度,对不懂的问题进行答疑释惑,现场解决生产中的疑难杂症,手把手教学员怎么做,宣传政策,提出合理化意见建议,不断提高项目绩效效能,提高资金使用效率。

"育管用评"
乡村振兴人才培育模式
——凉州区农业广播电视学校

一、背景

凉州区农广校为科级事业单位,加挂凉州区农民科技教育培训中心牌子。核定编制7名,现有教师职工5人,其中高级2人、中级2人、初级1人。主要负责全区农民教育培训、高素质农民培育、中职学历教育、实训基地建设、乡土人才培养等工作。

乡村振兴,农民是主体,人才是关键。近年来,凉州区农广校立足新发展阶段,贯彻新发展理念,构建新发展格局,充分发挥农民教育培训优势,加快培育高素质农民,推动乡村人才高质量发展。但在培育过程中存在的培育对象遴选难、学习兴趣欠佳、开拓意识不强、作用发挥不充分等制约高素质农民培育提质增效的问题。

凉州区农广校从提升培育质量效果入手,完善培育机制,创新培育模式,做强实训基地,强化人才管理,探索形成了高素质农民"育管用评"即"坚持一个原则、聚焦两个层面、围绕三大支撑、升华五大环节、突出五项重点"的乡村振兴人才培育模式,并成功培育了一大批有文化、懂技术、善经营、会管理的高素质农民队伍。

"坚持一个原则"就是抓住"党管人才"这一关键,强化组织领导选才育才重才用才。"聚焦两个层面"采取"遴选+推荐+服务"相结合,充分发挥各自优势,择优遴选,提高培育的精准性。"围绕三大支撑"注重师资建设、精心课程设置、做强实训基地,满足学员多层次、多样化培训需求,提高培育的实用性。"升华五大环节",这是高素质农民培育创新的关键,也是提质增效的核心,拓思路、求真经、提信念、促发展。"突出五项重点",这是高素质农民培育转型升级的途径,全方位、多途径支持高素质农民发展,引领现代农业高质量发展。

二、主要做法

(一)坚持党管人才原则,构建高素质农民培育"大格局"

区农业农村局成立了由局党组书记任组长的高素质农民培育工作领导小组,构建了局党组统一领导、农广校牵头抓总、局属单位密切配合的高素质农民培育工作格局,定期研究高素质农民培育工作,协调解决重点难点问题。同时,加强与区直部门、镇党委政府沟通协调,形成了多资源聚合、多力量参与、分工明确、上下联动的高素质农民培育良好氛围。

(二)聚焦"两个"层面,夯实高素质农民培育"基石"

一是聚焦培育机构。按照公开、公平、公正的原则,委托武威市公共资源交易中心阳光采购平台,择优遴选专业合作社、农业生产企业、职业学校等社会力量参与高素质农民培育工作,形成培育合力。二是聚焦培育对象。以后续跟踪服务为保障,将培训任务分解到局属单位、乡镇,协同做好学员遴选、生源组织、跟踪服务,搭建全方位服务平台,协同推进培育工作高质量发展。同时,通过微信培训群、工作群、学员群等,广泛开展培训需求调研,分产业、分类型建立培训学员库,克服"招生难"的问题。

(三)围绕"三大支撑",促进高素质农民精准精细培育

一是注重师资建设。坚持需求导向、优势互补原则,建立师资库,既聘请省科研院所、市委党校、市职业学院等理论和实践经验丰富的专家理论讲授,也鼓励"土专家"、"田秀才"现身说法,并将区镇技术人员、农村实用人才纳入师资队伍,

满足培训专业和产业发展需求。二是精心设置课程。改变以往单纯通过"顶层设计",学员"只管来、只管听"的状况,通过到户咨询等形式,确定培训内容,内容贴合实际接地气;推行"党建+培训"模式,坚持把党史学习教育、红色教育纳入培训内容,互融互促;开展"听党话、感党恩、跟党走"宣讲活动,满足农民全方位、多领域、多角度培训需求。三是做强实训基地。根据《凉州区农村实用人才培养实训基地管理办法》,择优遴选命名了祥瑞种植、四坝沼然等24个功能完善、内容丰富、模式新颖、示范性强的综合学习性实训基地,列为培训班观摩实训、新技能展示和示范的"田间学校",增强了培训针对性和实用性。武威金帆农业科技有限公司成功申报了首批共享农民田间学校。

(四)升华"五大环节",推动高素质农民培育提质增效

一是深化理论学习。采取请进来讲与走出去学相结合,典型案例与实践教学相结合,专家课堂讲座与田间地头示范相结合,线上培训与线下交流相结合,使学员一看就懂,一学就会,学了能用,用能致富。二是强化实训学习。既组织学员在本区就近观摩实训,又到邻近县区现场教学,通过听介绍、实地看、情景体验、实操实练,现场找差距,激发学员兴趣。三是突出观摩交流。组织学员赴陕西杨凌、四川成都、甘肃天水与陇南等地开展实地案例教学、交流探讨,使学员在观摩交流中汲取发展经验,在案例教学中开视野拓思路,在乡村建设中感知生态理念,开视野,拓思路。四是抓实线上学习。"云上智农""老刀学霸APP""甘农云APP",使学员随时随地获取最新的农业新技术和新知识,实现自主学习,学员参与度较高。五是加强训后追踪。充分发挥镇级技术人员服务接地气的优势,组建跟踪服务技术团队,深入生产一线现场进行现场指导服务,颇受学员欢迎。

(五)突出"五项"重点,推进农民教育培训转型升级

一是突出农民中职学历教育。以高素质农民培育项目为依托,强化职教衔接,推进农民培训与职业教育相衔接,创新教育教学模式,开展教学辅导暨现场教学,提升办学水平。加强与省畜牧工程学院衔接,将高素质农民纳入高职扩招范围,畅通农民学历教育通道。目前,招录农民中职生477人,推荐20多名高素质农民报考甘肃省畜牧工程学院大专班。二是突出农民技术职称评审。制定了《武威市农村实用技术人才职称评审细则(试行)》,将高素质农民纳入农业系列职称评审范围,增强了农民荣誉感和获得感。2021—2022年,评审农村实用人才67人,

其中高级17人、中级16人、初级34人。三是突出农村实用人才培养。制定了《凉州区加快推进乡村人才振兴的实施意见》等指导性文件,明确扶持政策,加大培训力度。全区现有农村实用人才28 603人。四是突出乡土人才建设。深入挖掘盘活乡土人才资源,健全完善乡土人才工作机制,分级建立乡土人才信息库,制定《凉州区乡土人才认定管理办法》,选拔乡土人才1227名。五是突出典型宣传。通过电视、报刊、微信公众号等多形式、多途径宣传报道高素质农民培育政策、具体做法和先进典型30多次,营造良好培训氛围;鼓励高素质农民创作短视频,展现高素质农民风采;组织高素质农民参加全省"百千万"创业引领工程"新型职业农民"创业达人选拔活动,有2名学员获奖。

三、主要成效

(一)培育了一批创业致富精英

通过项目支撑,培育了一大批优秀村干部、村科级助理员、大学生村官、创新创业青年、新型经营主体带头人等,他们已成为推动现代农业高质量发展的中流砥柱。累计培育高素质农民4027人。

(二)加快了农业科技创新步伐

通过培育及培训,学员不仅学到了专业知识,提高了管理水平,通过外出观摩交流,接受了新技术、新模式、新业态、新理念,给学员带来了科技创新的冲击,进一步转变了观念,拓宽了思路,开阔了视野,增长了见识,找到了差距,为现代农业发展起到了积极促进作用。

(三)增强了驾驭市场竞争能力

借助凉州区国家农产品质量安全县金字招牌,鼓励学员积极申报绿色有机食品,参加全国性农展会,绿博会,唱响"凉州农鲜"区域公用品牌知名度。全区认证"三品一标"企业42家、产品124个,学员培育30个;其中"沼然绿小乳瓜""陇旺河"乌骨鸡蛋"兴年黄冠梨"获得绿博会金奖。

(四)推动了地方经济发展振兴

通过培育,涌现出了一批学得好、干得好、带得好,产业优、规模大、技术新、效益高的高素质农民优秀学员,成为了当地产业发展的"带头人""领头雁"。建成了西瓜、小乳瓜、黄冠梨、肉牛等绿色优势产业生产基地62个,有力推动了当地产业高质量发展。

四、经验启示

(一)加强组织领导是保障

坚持党管人才原则,将高素质农民培育纳入全区人才工作总体部署,相继制定指导性文件,推动了高素质农民培育提质增效。区农广校充分发挥牵头抓总作用,全面做好组织实施、统筹指导、协调落实、督导检查和资金使用等工作,确保高素质农民培育工作事有人抓、活有人干、责有人担。

(二)加大政策扶持是支撑

将高素质农民纳入农业系列职称评审范围优先推荐申报,建立农村实用人才职称奖补政策,对获得中级职称以上的农村实用人才给予一次性奖补,激励农村实用人才在全面实施乡村振兴中建功立业,使他们真正成为现代农业发展的"领头雁""排头兵"。

(三)创新培育措施是关键

为克服"招生难"客观内因,以后续跟踪服务为保障,我们将镇级技术人员纳入高素质农民培育师资库,充分发挥"接地气"优势,全面抓好学员遴选,建立培育对象库,提高遴选的针对性。创新培育方式,将高素质农民培育工作与全区农业结构调整、现代农业示范园区等相结合,将红色教育、党史等纳入高素质农民培育范围,促进互促互融。加强与甘肃畜牧工程学院的衔接,开展高素质农民高等学历教育,提升职业素养。

(四)注重典型培树是手段

不断挖掘典型,加大宣传力度,树立典型样板,用学员致富带富事迹激发农民参加高素质农民培育的积极性。通过评选乡土人才、参加创业大赛等活动,展现高素质农民风采,激发高素质农民创业干劲。

"典型示范引领　校社融合推进　育评协同提升"培训模式
——庆城县农业广播电视学校

一、背景

中央农业广播电视学校庆城县分校(庆城县农民科技培训中心)以下简称庆城县农广校成立于1984年3月,现为正科级公益一类事业单位,隶属于庆城县农业农村局管理。现有干部职工19人,其中事业管理5人、专业技术11人(其中副高级职称1人,中级3人、初级7人)、工勤3人。主要承担高素质农民培育、中职学历教育、农村实用技术人才职称评审、农村实用人才培训等工作。

习近平同志指出:"乡村振兴,人才是关键。要积极培养本土人才,故能外出能人返乡创业,鼓励大学生村官扎根基层,为乡村振兴提供人才保障"。庆城县农广校在高素质农民培育实践中,把乡村人才培育作为乡村振兴的基础来抓,积极探索,不断创新,着力破解高素质农民培育理念老旧、方法简单、模式单一、示范带动作用发挥不够强,校社融合发展不够紧密,培育对象接受度和积极性不够高,培育力量资源不够丰富,人才培育综合效果不够明显等瓶颈问题,有力提升了高素质农民培育和乡村人才队伍建设水平。

"典型示范引领 校社融合推进 育评协同提升"培训模式
——庆城县农业广播电视学校

庆城县农广校以提升高素质农民培育质量效果为着力点,积极探索创新培育新方式方法,充分发挥乡土人才典型示范引领作用,加强县农广校对合作社和农民田间学校指导管理,促进校舍融合发展;着力高素质农民培育、中职教育和农村实用人才职称评审"三驾马车"协同齐驱,有力巩固和提升了高素质农民培育成果,形成"典型示范引领、校社融合推进、育评协同提升"模式,进一步提升高素质农民培育工作水平,为全面推进乡村振兴、加快推进农业农村现代化提供人才支撑。

二、主要做法

(一)选好用好典型 发挥示范引领作用

一是"如何选好典型?"在高素质农民培育工作中,庆城县农广校以选好、用好、发挥好乡土人才典型示范引领作用为切入口,积极开展"推能人、学能人、做能人、树能人"活动,通过"基层组织(乡村)推选、培训学员中遴选、学员自主推荐、培育调研中挖掘、新型经营主体和种植养殖大户中遴选"等办法,把群众公认,有文化、善经营、会管理、技术能力强、产业发展好、收入明显超过当地人均纯收入,能带动周边群众发展产业的能人推选出来,建立乡土人才库,把产业发展能人、"土专家、田秀才"等充实到乡土人才库和高素质农民培育师资库中,把他们发展产业的好理念、好方式、好方法、好模式作为宣传、推介、学习的案例,用身边的能人和典型事例教育、培训和带动身边的人,充分发挥示范引领作用,不断增强农业产业能人的荣誉感、成就感和使命感。在2022年,共计推荐能人87人,11人结合自身产业发展讲授实践经验。

二是"如何用好典型?"在高素质农民培育中,庆城县把乡土人才、"土专家、田秀才"、产业发展能人、典型事例、产业发展模式(示范果园或养殖场)等融入高素质农民培育理论教学、实习实训、跟踪服务等教学实践各个环节,作为鲜活和现实教材,使教学资源更加充沛,更加贴近群众。在理论教学和实习实训阶段,把产业发展能人、"土专家、田秀才"请到课堂上、把产业经营管理典型事例用到课件里、把示范园(场、社)纳入到实习实训基地中,让能人现身说教,让群众与"土专家、田秀才"相互交流,分享产业发展成功经验方法,推动和服务产业发展。2022

年高素质农民产业发展带头人培训中,组织学员到产业发展、经营管理和成效突出的鹏宇食用菌种植合作社、丰泰果业合作社和李希恒、龙生栋、任广鹏等苹果栽植大户实习实训、观摩交流和学习技能,通过学做法,补短板,看成效,分享发展和经营管理经验,解决产业发展中的难题,提升了培育效果。

三是"如何发挥好典型示范引领作用?"苹果产业是庆城县农业发展的主要产业,在高素质农民培育中,县农广校始终把苹果产业作为培训的重点,把树立好苹果产业发展典型作为传递产业发展正能量和助推苹果产业提质增效的触手。在推广"瑞雪""瑞阳"等新品种和"高接换优"等新技术中,产业能人、产业带头人、"土专家、田秀才"率先示范,主动带领县域果农或本合作社群众引进推广苹果新品种、新技术,解决生产管理和技术难题,推动苹果产业的蓬勃发展和提质增效。玄马镇的樊宾强带领群众积极推广引进苹果新品种"瑞阳""瑞雪",使群众收益翻番;桐川镇的龙生栋带动30多户群众提质改造老果园,推广新品种等,一个个产业发展典型人物,带动产业蓬勃发展和群众致富奔小康。2022年末,全县"瑞阳""瑞雪"等新品种达到5万余亩,每吨产值达到1.2万元以上。

(二)校社融合推进 拓展高素质农民培育资源

在高素质农民培育中,县农广校充分发挥协调融合推进作用,积极把"农民田间学校+农民专业合作社"纳入高素质农民培育机制。一是发挥县农广校"协调指导"作用。农民田间学校、合作社的整体工作水平对高素质农民培育提质增效有着至关重要的作用。庆城县农广校注重合作社和农民田间学校的指导管理,发挥培训项目、资金、业务优势,在高素质农民培训和跟踪服务中给农民田间学校和合作社压担子,分任务,做到融合发展,共同推进,有力提升高素质农民培育效果。二是发挥农民田间学校"地缘人脉"优势。在农村实用人才培训,特别是高素质农民培训中,县农广校注重发挥农民田间学校培训阵地和"地缘人脉"作用,在技术培训及人财物等资源上共享共存,积极推行农民田间学校校长与合作社理事长一身兼,深度融合,使其成为农民技术交流、咨询服务、教育培训、产业发展的平台,做到了培训有机构、技术有团队、培训有对象、资金有保证、运行有保障。三是发挥合作社"服务管理"作用。在培训工作中,注重发挥合作社拓展人脉、技术服务、经营管理和交流互助等作用,保证了培训学员充足,培训意愿需求掌握,培训目标的实现。通过三者融合发展,形成农村技术人才培育强大合力,为产业振兴提供人才支撑。同时,加强了信息技术交流,促进了产业发展,维护了群众利益。2019年以来,合作社、农民田间学校参与高素质农民培训350人次,开展跟踪服务300人次,承担省市县其他技术培训1200多人次。

(三)"三驾马车"协同齐驱 巩固提升高素质农民培育成果

为了巩固提升高素质农民培育成果,庆城县农广校在高素质农民培育、中职教育、农村实用人才职称评审工作上创新思路,"三驾马车"协同齐驱,进一步强化乡村人才队伍建设。

1.在高素质农民培育及跟踪服务方式方法上求创新。在培育项目前期调研上,采取走进田间地头、合作社、家庭农场、农业企业、种养大户等,通过开座谈会、面对面谈、发放意见征求表、课题调研等形式,掌握县域产业发展实际和群众培训需求。在遴选培育学员上,采取乡镇及村推荐、合作社及农民田间学校推荐,种植养殖大户自主报名等形式多渠道遴选学员,同时,开展产业专业村(苹果产业重点乡镇或养殖专业乡镇、专业村)高素质农民培训,确保培训学员资源充沛。在跟踪服务上,采取集中和"一对一"相结合,室内理论讲解和田间地头技术指导相结合,本地典型示范园互动学习和外出到产业基地技术交流相结合,"讲授式"和"问答式"相结合。在2021年至2022年跟踪服务中,聘请专家教授、高级农艺师、农民土专家等讲授苹果、养殖等生产经营管理技术,与学员开展"问答式"互动交流,对学员生产经营管理中的问题进行"一户一策式"解答,群众收获满满。

2.在高素质农民中职学历教育提升学教结合上求突破。把高素质农民培育和中职学历教育有机结合,充分利用中职教育和高素质农民培育项目在资金、政策上的资源共享优势,提升和巩固高素质农民培育成果,为乡村振兴提供人才支撑。在学员招生上,重点在高素质农民培训学员和当年遴选学员中优选招生对象。在教学上采取线上和线下教学相融合、集中教学和个人自学相结合,理论学习和生产实践相结合,"半农半读""弹性学制、农学交替"等方式,实行学时积分制,高素质农民培训学时与中职学历教育学时有机结合,使群众接受中职教育,提升综合素质。确定了一名副校长抓中职教育工作,班主任抓日常教学工作,每学期开展集中教学和考试,充分利用"甘农云APP",指导学员进行网络注册、课程选择、线上学习,进一步提升高素质农民文化技能水平,助推乡村振兴。2021至2022年度先后招收中职教育学员70人。

3.在农村实用人才技术职称评审机制上求长效。把农村实用技术职称评审作为加强农村人才队伍建设的切入点,制定印发了《庆城县农村实用技术人才职称评审实施细则》《关于全县开展农村实用人才职称评审工作的通知》,对参评对象、评审依据、评审程序、时间安排、申报材料、申报时间、业绩时限等予以明确,方便农村实用人才申报;成立了"农村实用技术人才评审领导小组及办公室",下设种植、养殖两个考评领导小组,采取"一推两审两公示"(村级推荐、乡镇审核公示、县级审核评审公示)和农村实用人才联络员申报机制。县农业农村局(农广校)分乡镇确立专人进行业务指导和办理具体业务,各乡镇确定一名业务联络员,确保职称申报工作顺利推进。2022年申报认定初级103人,中级5人,高级1人,使农民既有技术,又有资质。

三、工作成效

庆城县农广校通过积极探索,不断创新,形成了切合实际,行之有效的培训方式方法,为高素质农民培育提质增效奠定了良好基础。一是乡土人才"典型示范引领"为高素质农民培育、产业发展等发挥了"传帮带"作用,使高素质农民培育更加具有吸引力、感召力。特别是乡土人才在高素质农民培育实践中发挥着"传帮带"作用,带头接受宣传新思想、带头学习推广新技术和新品种,带头接受产业发展新事物,积极向周边群众传授实用技术,帮助群众解决生产中的实际问题,达到了"培育一个,带动一片"的目的。同时,丰富了高素质农民培育教学方式方法,使高素质农民培育更加"接地气",做到启迪思路,典型可学、事例可见、成效引导,使培训更贴近群众,融入产业发展实践,有力推动产业发展和技能水平的提高。二是农广校、农民田间学校和农民合作社"校社融合推进"为高素质农民培育积蓄教学培训资源,使"五级"办学体系更加完善,培训质量进一步提升。县农广校、农民田间学校和农民合作社三者的有效融合,解决了高素质农民培育中培育对象、资金、场所、跟踪服务及实习实训基地、技术队伍等困难和问题,有力促进高素质农民培育工作。三是高素质农民培育、中职教育和农村实用人才职称评审"协同巩固提升"赋予高素质农民培育新内容、新内涵。高素质农民培育是中职教育和农村实用人才职称评定的基础,中职教育、职称评定是高素质农民综合素质的再

"典型示范引领 校社融合推进 育评协同提升"培训模式
——庆城县农业广播电视学校

提升,三者相互促进,协同提高,进一步巩固提升高素质农民培育成果,有力提升农村实用人才整体水平。2019年以来,庆城县农广校培训高素质农民1200人,2022年被中央农广校评为全国"100所高素质农民培育提质增效百佳校"。

四、经验启示

(一)紧扣县域农业农村大局,是做好高素质农民培育的根本

贯彻落实中央和省市县农业农村会议精神、习近平同志关于"三农"工作有关论述、农业政策法规等是高素质农民培育的核心和灵魂。2022年,县农广校把县委"抓点示范、以点带面、统筹推进"的农业农村工作总体要求和立足"重点在果、后劲在畜、潜力在菌"的发展定位贯彻到高素质农民培育中,围绕全县产业发展大局,以"培训需求、产业主线、分层实施、全程培育"为遵循,做到培育精准到产业、精准到乡村,助推全县产业发展和提质增效。

(二)推进校社融合发展,是增强高素质农民培育资源的途径

把农民田间学校、农民专业合作社等纳入培育力量,校舍融合发展,发挥技术及人财物等资源优势,共享共存,深度融合,增强高素质农民培育效果。同时,结合县域产业实际和省市人才培育要求,将农业农村局下属有关单位纳入高素质农民培育力量,发挥专业特长,做到专业对口培训,形成农村实用人才培育强大合力,为产业振兴提供人才支撑。

(三)创新人才培育模式,是提升高素质农民培育效果的保证

创新高素质农民培育理论授课、实习实训、观摩交流、跟踪服务等方式方法是不断提升高素质农民培育效果、增强高素质农民在产业发展中的推动作用、实现高素质农民培育社会经济效益最大化的保证,只有不断创新培育模式,更新培育理念,才能不断赋予高素质农民培育更强的活力和感召力。

建体系 探模式
树典型 促发展
——民勤县农业广播电视学校

"三农"问题的核心是农民问题,农民问题的核心是素质问题,素质问题的核心是教育问题。近年来,民勤县整合资源,建体系、探模式、树典型,大力培养"有文化、懂技术、善经营、会管理"的高素质农民队伍,造就了一批生产经营理念先进、增收致富能力强的农业产业发展带头人,为实施乡村振兴战略提供了坚实的人才支撑。

一、夯实体系建设,确保培育有效开展

(一)政府重支持强督查

一是成立县级新型职业农民培育工作领导小组。县长任组长,县主管农业的副县长任副组长,涉农相关部门单位为小组成员单位,负责组织领导和督查落实培育培训的各项工作。二是出台新型职业农民奖励扶持办法,提出"三免五优先"扶持政策,即新型职业农民免费参加涉农培训、职业技能鉴定和涉农专业的中职学历教育,优先享受民勤县设施蔬菜产业和草畜产业的扶持政策、优先流转土地、优先项目支持、优先技术服务及优先推荐评先树优等奖励扶持政策。三是制定新型职业农民培育实施方案,明确规定组织领导发动、师资队伍建设、基地学员遴选、培育机构任务等工作内容,将各项任务指标分解到各镇、有关部门单位,并纳入经济工作责任书和领导班子、领导干部绩效考核范围,形成党委政府一把手亲自过问、部门领导亲自抓的良好格局。

(二)部门单位同协作齐配合

一是成立新型职业农民认定管理委员会。由县涉农部门单位联合成立民勤县新型职业农民认定管理委员会,研究制定《民勤县新型职业农民认定管理办法》,根据新型职业农民的特点和核心要素,按照认定条件和程序,对接受过农业系统教育培训的新型职业农民进行资格认证,合格的颁发初中级新型职业农民资格证书。分类建立认定学员信息库,做好资格动态评估、定期审核管理,做到认定颁证与政策扶持相统一。二是构建师资库。从省内大专院校、科研院所和县涉农等业务单位及"土专家""田秀才"等乡土人才中选拔业务精、水平高、责任心强、实践经验丰富的专家教授和农业专业技术人员组建新型职业农民培育师资库,具体承担培训和跟踪服务等工作。

(三)农广校发挥培育主阵地作用

一是基础设施设备齐全。2009年,政府出资,整合涉农资源,建立集教育培训、技术推广、科学普及和信息传播等多功能于一体的新型农民培训学校,与农广校两块牌子一套人马合署办公,2020年机构合并,更名为民勤县农业广播电视学校(民勤县新型农民培训学校),学校可同时容纳160名学员参加理论学习和200名学员参加技能操作实训,节省了培训成本,使项目资金最大化用到农民身上,用到产业发展上。同时构建《民勤新农村资讯》、"12316"农技服务热线、手机短信平台、农业科技直通车、《科技服务苑》和《科技服务台》电视专栏节目、农民图书阅览室等六位一体的农业信息化服务平台,为全县新型农业经营主体培育壮大和现代农业发展提供了技术支撑和智力支持。二是技术力量雄厚。农广校现有教职工10人,其中农业推广研究员1名,高级农艺师4名,农艺师3名,近年来,学校围绕新型职业农民培育培训发表论文16篇,撰写高质量调研报告4篇,总结形成培育模式1套,组织农业技术专家编印了《民勤县新型职业农民培训教材》《图文讲解日光温室建造及栽培管理技术》等农民教育培训地方教材4本,获得省市县各类表彰奖励6次。三是工作富有成效。农广校具体负责培育培训工作,制定班主任跟班制度、学员管理制度、跟踪服务制度、外出学习安全制度等,教师实行"一站式"全程服务,学员实行"定位"管理。从培育对象的遴选、培训内容安排、培育模式探究、农民需求意愿调研等方面展开工作。围绕全县主导产业,根据农民需求,在农时农事的关键时间节点为农户提供技术培训服务,农民需要什么就培训什么,产业发展需要什么就培训什么,最大限度地服务农民、方便农民,为农民送去实用技术、市场信息等,做到培训有场所、教学有设施、实习有基地、创业有扶持,培训活动经常化、技术专业化、内容多样化、形式灵活化、理念创新化、跟踪服务常态化,满足新型职业农民多层次、多形式、全覆盖、经常性、制度化教育培训的需求。

(四)农民田间学校和村社实训基地方便农民就近就地学习

一是成立农民田间学校。按照中央校"四级建制、五级办学"的要求,根据"六个一"建设标准,按产业分区域在长炼沙葱产销专业合作社、育明蔬菜产销专业合作社、丰腾农林牧产销专业合作社、昌隆农产品产销专业合作社等基地挂牌成立4所农民田间学校,配套完善场地、设施,配备校长、班主任、辅导员、班长等人员,按照三权(自主权、发言权、思维权)、三重(重需要、重实践、重技能)、三多(多途径、多手段、多方法)、三式(启发式、参与式、互动式)、三动(动口、动手、动脑)"五个三"模式进行教学,为农民就地就近培训学习提供了便利。二是建立乡村实训基地。聚焦乡村主导产业和重点工作,深化和拓展农民教育培训方式,把课堂向基层、农村延伸,理论与实践相结合,探索创新驻村入户体验式教学,采取"县级主导、园区示范、乡村先行"的方式,在全县蜜瓜、茴香、果蔬和苏武沙羊等主导产业园区,在双茨科镇万亩辣椒基地、收成镇万亩蜜瓜种植基地、蜜瓜产业园、东湖镇万亩出口茴香基地、苏武现代农业产业园供港蔬菜等基地构建村社实训基地,通过"菜单+点单"选课、"课堂+现场"教学、"理论+实践"培训,打造具有本土特色的培训阵地。

二、探索多种培育模式,有效提升职业水平

(一)专业素质教育

一是精准遴选培育对象。培育机构长期从事农牧业生产,年龄在55周岁以

下,具有一定产业规模、文化素质的种养大户、科技示范户、家庭农场主、专业合作社带头人及在现代农业发展中示范带动作用明显、发展产业愿望强烈的农民中遴选生产经营性的新型职业农民为培育对象;从种养大户、家庭农场主、农牧业企业中具有一定专业技能的农民中遴选专业技能型新型职业农民培育对象;从社会化服务组织中从事农牧业产前、产中、产后服务的从业人员中遴选专业服务型新型职业农民培育对象,通过村社推荐、乡镇审核、部门审批确定为培育对象,纳入新型职业农民培育对象库进行系统性培育培训。二是精准确定培训内容。围绕县域产业展开培训,围绕蜜瓜、茴香、人参果、沙葱等特色主导产业,结合学员实际情况,开设日光温室蔬菜栽培、葡萄生产、肉羊养殖、合作社专业带头人、家庭农场主、蜜瓜病虫害防治、沙葱优质丰产栽培技术等专业,满足不同产业、不同学员的需求。三是精心配备培训教师。从省市县农业产业化体系或农业科教领域的学者和专家中筛选符合县域产业需要、了解农民需求、热心农民培育、教学实践经验丰富的人才建立县级新型职业农民培育师资库,共吸纳各类专兼职教师、专家和种植能手84人,建成了满足新型职业农民培育全过程需要的"专家教授+行业能人+专技人员+种植能手"相结合的师资队伍。同时,探讨制定了师资队伍建、管、用、评以及课程内容教授重点、知识更新等方面的具体措施,完善了教师教学评价体系和师资库动态管理机制。四是精心开展课堂教学。集中理论培训时间5~7天,以专题讲座为主,采用多媒体课件、讲案例、互动交流等授课方式进行。授课教师制作内容丰富、形式多样、图文并茂、生动有趣、贴近县域生产发展实际的PPT课件。重点围绕农民创业扶持政策和创业知识、农产品市场营销策略、美丽乡村建设、农村政策法规和种养业关键技术、配方施肥技术、高效节水技术、农药安全使用、绿色防控技术、农产品质量安全等农业实用技术,并在课堂上展开充分热烈的讨论,以学促教、以教促学,以提高新型职业农民综合理论水平。

(二)现场情景教学

一是依托农民田间学校、村社实训基地展开实地实训。在理论授课结束后,组织学员在农民田间学校和村社实训基地进行现场技能培训,引领学员了解产业发展现状和前景、学最新的农业实用技术。二是根据农时农事,紧盯农作物生长的关键时段,组织技术人员进村进社、进棚进地进行现场授课。三是根据农民来电来访,随时出动农业科技直通车,现场讲解,现场答疑,现场指导,现场解决群众难题。把培育农民与产业发展相结合,与农村重点工作相衔接,在产业发展中催生新型职业农民,在培育新型职业农民中促进产业发展。

(三)异地技能提升

紧盯省内外农业前沿技术,适时组织学员前往陕西、山东及省内武威、金昌、张掖、兰州、白银等地进行为期3~7天的异地观摩学习。外出学员经县级人民医院体检评估后身体健康,签订外出培训责任书,统一实名制购买短期人身意外伤害险,统一定制车票,统一食宿,实行班主任跟班制,全程负责学员管理。与山东寿光现代农业示范园、西北农林科技大学、甘肃省农业职业技术学院签订长期培训合作协议进行培训交流学习。通过观摩学习,引导学员就自身发展现状、区域差异、创业意愿展开讨论,引导制订切实可行的创业计划书,配备指导老师跟踪服务,激发农民创业热情,为个人产业升级和县域经济发展注入新动能。

(四)产业差异化指导服务

围绕全县主导产业,根据农民需求,在农时农事的关键时间节点为农户提供技术培训服务,农民需要什么就培训什么,产业发展需要什么就培训什么,最大限度地服务农民、方便农民,为农民送去实用技术、市场信息等,切实增强了农民培训的时效性和针对性。制定了新型职业农民跟踪服务方案,推进1名指导老师带10名学员的"1+10"导师制。一是建立专门课堂。针对新型农业经营主体的产业发展实际,安排专兼职教师和科技特派员专门联系指导,帮助扩大产业规模、增加经济效益,做到精准化服务。二是建立流动课堂。针对农民在生产中遇到的技术问题或组织讨论,交流经验,取长补短,或进行专家讲座,将农业新技术新成果送到田间地头。三是建立空中课堂。通过《民勤新农村资讯》、手机科技短信平台、农业科技直通车、"12316"农技服务热线、"科技服务苑"电视栏目、农民图书室"六位一体"信息化平台,QQ群、微信群、"云上智农"APP等新媒体,不定期为农户提供信息、技术、政策、项目推荐、典型案例宣传等,多渠道全方位为农户提供服务。

三、树立优秀典型,助推产业发展

(一)培育评选县级先进典型

通过农民自荐、乡镇推荐、评先树优等方式,不断挖掘先进典型,用身边的事教育身边的人,用身边的榜样引领产业发展。连续举办五届"农民之星"评选活动,评选出姜宝德、薛艳云、叶长炼、杨明等农民致富之星。

(二)培养扶植农村高技能人才

从专业合作社、农牧业企业等新型农业经营主体中深入挖掘想干事、能干事、干成事的优秀人才,培育树立典型,扶植壮大其产业。叶长炼是首批认定为民勤县新型职业农民,在各级政府的协助下,他把小沙葱做成了大产业,在他的带动下,全县种植日光温室沙葱1000余座,棚均收入3.2万元,2018年他被国家农业农村部评为"全国百名杰出新型职业农民",2020年获得合作社项目资助20万元。

"80后"高素质农民杨学俊则是把传统蔬菜做成绿色优质蔬菜的高技能人才。2016年在民勤县大力发展蔬菜产业的浪潮下,他毅然辞去国企工作,回家跟随父亲做起了传统的蔬菜育苗、种菜、销菜生意。经过几年的实践、钻研,他试验推广的10多种育苗品种,年销售种苗1200多万株,覆盖了全县18个乡镇的2400多户,亩均产值可达10000元左右,亩均增收3000元,为民勤蔬菜产业发展树立了样板。2020年向市场供应蔬菜3000余吨,年收入达400余万元。2021年度经民勤县农广校推荐,获农业农村部农民教育培训"百优保供先锋"资助项目人选。

科技日新月异、农业科技成果转化势在必行。民勤县农广校将一如既往做好农民教育培训工作,积极争取高素质农民项目资金支持,将农民教育培训与中专学历教育相融合,与农村实用人才培训相融合,进一步优化师资力量,优化培训内容、优化培育过程、优化服务水平上下功夫,创建农民教育培训品牌机构,为"三农"问题作出积极贡献。

强化"3+"全程培育模式 助推人才振兴
——清水县农业广播电视学校

一、背景

清水县农业广播电视学校为副科级事业单位,现有教师职工10人,其中:高级农艺师3人,农艺师3人,助理农艺师3人,技师1人。主要开展高素质农民培育、农业实用技术培训及农民职业(学历)教育等农民教育培训工作。

乡村振兴,关键在人。近年来,清水县认真贯彻落实习近平总书记关于推动乡村人才振兴重要指示精神,着力培育一支"有文化、懂技术、善经营、会管理"的高素质农民队伍,但农业农村技术人才匮乏和农民综合素质整体不高仍然是制约清水县农业产业发展和乡村振兴的短板和瓶颈之一。在培育高素质农民过程中依然存在"大水漫灌、被动培训、培训效果不佳、培训模式不适应现代农民培训需求、线上培训与线下培训不能有效融合、跟踪服务指导不到位且效果不佳"等问题。

切实提升培育效果,着力培养一支高素质农民队伍,清水县农广校不断创新培育模式 强化全程培育,探索出了适合清水县高素质农民培育的"3+"高素质农民全程培育模式,即:"6个工作法"培育模式+"线上线下融合培训模式"+"全程跟踪服务指导模式"。

"6个工作法"培育模式:采取"联合培训""8+""强理论、拓视野、重实训、提能力、共发展""自管自律自治""精准培训""三到四抓四结合"培育模式及培育方法。

"线上线下融合培训模式":采取"高素质农民+互联网"智慧农民云平台(云上智农、甘农云)等信息化教育培训手段的线上培训和"课堂+参观+实训"线下培训的线上与线下融合培训机制。

"全程跟踪服务指导模式":采取"一对一+一对多""师带徒+传帮带""集中+分散""线上+电话+到户"的高素质农民培育全程跟踪服务指导模式。

二、主要做法

(一)创新培训模式,提升培训效果

在高素质农民培育过程中,清水县农广校坚持以习近平新时代中国特色社会主义思想为指导,始终把高素质农民培育作为实施乡村振兴战略和加快农业农村现代化人才支撑的重要抓手,紧紧围绕县域特色优势产业发展和广大农民群众培训需求,遵循需求导向、产业主线、分层实施、全程培育原则,以"选育用"一体化培育为路径,以聚焦全产业链技能水平和培育质量效果提升为关键,以满足农民理念知识技能需求为核心,以提升培育质量效能为重点,加快提升高素质农民的管理经营能力、创新发展能力和生产服务能力为宗旨,充分发挥农广校自身培训资源优势,采取"6个工作法"培育模式,切实提升培育效果。

一是采取"联合培训"工作法。在成立高素质农民培育领导小组和确定专班具体负责培育工作的同时,采取以"校校、校企、校地"等联合的培训机制,依托农业院校、省级农民教育培训示范基地、乡村两级组织、农业产业化龙头企业、农民专业合作社、农民田间学校等优质培训资源,形成领导落实、机构健全、多方联合、优势互补、人员到位、学教互动的培训机制,为高素质农民培育工作的开展提供组织和人才保障,确保培育工作顺利开展。

二是采取"8+"工作法。即采取"农广校+农业院校+兄弟县区农广校+农民专业合作社+农民田间学校+实训基地+农业科技云平台+学员学习交流微信群"的"8+"培育模式,联合天水农校制定培训计划、选聘培训教师、明确培训内容、严明培训纪律、强化考试考核,扎实开展集中理论培训;协调兄弟县区农广校择优选定参观考察基地,择优选聘指导老师,合理安排参观学习事宜;协调农民专业合作社、农民田间学校择优选聘实训教师、择优选择实训基地,扎实开展实践技能现场实训;充分利用智慧农民云平台(云上智农、甘农云)和学员微信群等网络平台,开展线上服务指导。

三是采取"强理论、拓视野、重实训、提能力、共发展"工作法。以方便农民和贴近生产为原则,顺应农时季节和关键生产环节科学划分培训阶段,以适应农民特点和学习规律安排课程,大力推广开展模块化、情景式、互动式教学,让每个参训学员对培训内容进行认真学习,相互切磋,互动交流,充分巩固培训内容,熟练掌握操作技能,增强培训效果;重点突出生产实践,组织学员走进现代农业示范园区实地考察学习现代农业和新技术应用,到农业企业和农民合作社体验学习先进的生产经营管理经验,到乡村建设及社会事业发展示范村学习乡村建设、治理及社会事业发展先进管理经验,在实际生产中进行学用结合熟练掌握实践操作技能,做到每个实践环节都有明确的目标内容要求,又有专业人员具体指导,增强教学实践活动的针对性、实用性和规范性,力争把生产实践中遇到的问题全面解决,努力提升培育学员的生产技能、经营水平、创业能力和联合发展能力。

四是采取"自管自律自治"工作法。严格按照《班委会制度》《班主任制度》《学员培训管理制度》《培训纪律守则》《疫情防控及安全工作管理制度及应急预案》等制度狠抓落实,确保培训有序、安全开展。实行学员自管自律自治制度,通过学员推荐的方式选出班长、副班长、小组长和信息员,成立班委会,明确班委会成员责任,以小组为单位加强组织管理,开展提问、讨论、交流、课操、就餐、住宿、乘车、参观、实训、考核、管理等,形成互帮互助、团结友爱的良好学习培训氛围。

五是采取"精准培训"工作法。开办室内课堂、田间课堂、基地课堂、网络课堂、高校课堂等不同方式的培训课堂,大型班、中型班、小型班等不同规模的培训班,老年班、中年班、青年班等不同年龄结构的培训班。并采取农民点菜,农广校配菜并做菜的培训模式,根据季节时令、产业发展、农民培训需求等,举办农民乐意接受,便于实践学习的精准培训。

六是采取"三到四抓四结合"工作法。做好"三到":即技术人员指导到田间地头,培训工作进村到户,技术要领直接到人;突出"四抓",即:抓重点技术环节培训,抓关键农时季节培训,抓关键问题培训,抓关键生产环节培训;坚持"四个结合",即:培训内容与主导产业紧密结合,培训方式、内容与生产季节和学员需要相结合,培训指导与示范辐射带动相结合,技术培训与农业法律法规宣讲相结合。

(二)融合线上线下,延伸培育空间

采取"互联网+高素质农民"智慧农民云平台(云上智农、甘农云)等信息化教育培训手段的线上培训和"课堂+参观+实训"线下培训的高素质农民培育线上与线下融合培训模式。一是把线下培训与线上培训紧密结合起来,在扎实开展集中理论课堂培训、参观学习、实训实习的同时,充分利用"云上智农"手机APP、"甘农云"手机APP等信息化教育培训手段大力开展在线教育培训,并建立了高素质农民培育学员交流学习微信群,充分利用多次培训搭建的平台,相互交流探索,相互借鉴学习,实现了技术信息资源共享;二是把农民手机应用技能培训与高素质农民教育培训工作紧密结合起来,同步开展培训,以《农民手机应用手册》文字教材为基本教材,以全国农民手机应用技能培训平台为基础依托,加大农民手机应用技能培训,提高培育学员利用手机开展网上学习、网上购买农资、网上销售农产品的能力,加快手机成为农民新农具的推广步伐。

(三)强化跟踪服务,促进全面发展

采取"一对一+一对多""师带徒+传帮带""集中+分散""线上+电话+到户"的高素质农民培育"全程跟踪服务指导模式",进一步提升高素质农民培育跟踪服务指导工作的针对性、规范性、有效性,实现"培训、扶持、管理、服务"一体化,切实提升高素质农民的生产技术水平、管理经营能力、创新发展能力和生产服务能力,促进高素质农民全面发展。一是对所有参加高素质农民培育的建立后续跟踪服务管理台账,创建学员微信群,搭建学员交流平台和咨询服务;二是利用中国农村远程教育网、全国农业科教云平台、云上智农、甘农云等平台,搭建学员网络在线学习平台,开展在线学习、成果速递和跟踪服务;三是组织学员到家庭农场、农业科技示范园、农民合作社、农业龙头企业、休闲农业示范点、乡村治理示范点进行参观学习,搭建学员面对面交流平台;四是鼓励高素质农民用好高职扩招、"一村一名大学生"等政策,报考职业院校,不断提升学历层次,推进短期培训、职业技能培训和学历教育衔接贯通；五是引导成立协会、联合会、联盟等组织，鼓励高素质农民抱团发展；六是探索和尝试建立产业发展带头人创业联盟和现代青年农场主联谊会等，搭建高素质农民互帮互学、互惠互利的发展平台；七是建立农技人员跟踪服务制度。从授课教师、农业专业技术骨干、乡土专家、农技服务人员中择优选出专业技术过硬、授课经验丰富的人员担任跟踪服务指导教师，采取帮扶指导模式，坚持因地制宜、分类指导的原则，根据高素质农民所在地及主体产业类型，结合农事季节，针对产业发展中遇到的问题，从技术咨询、政策落实、创业引导、信息共享等方面对高素质农民开展"一对一+一对多""师带徒+传帮带""集中+分散""线上+电话+到户"的跟踪服务，随时掌握高素质农民的发展状况，及时协调解决发展中遇到的困难和问题，帮助高素质农民在发展产业中不断成熟壮大。形成"培育一人、致富一家、带动一片"和区域性农民创业兴业的良好局面。

三、主要成效

"3+"高素质农民全程培育模式的推广应用有效解决了清水县在培育高素质农民过程中存在的"大水漫灌、被动培训、培训效果不佳、培训模式不适应现代农民培训需求、线上培训与线下培训不能有效融合、跟踪服务指导不到位且效果不佳"等问题。一是为学员们灌输了新的发展理念、新的操作技术和新的管理方式，更新了学员的知识结构，有效调动了学员创新思维、开动脑筋、掌握更多实用技术的积极性，极大提升了培育学员自身综合素质；二是让培育学员们熟练掌握了种植生产、水肥一体、田间管理、病虫害防治、修剪整形、收获储藏、销售加工、农产品质量安全、电子商务、秸秆利用、化肥农药减施增效、乡村治理及社会事业发展等方面的关键技术，提高了学员技能操作水平、生产管理经营能力、电商促销能力和创业兴业能力；三是让学员们拓宽了视野，增长了见识，坚定了发展产业的信心，强化了示范带动，形成了强强联合，做大做强农业产业的良好局面，为乡村人才振兴奠定了坚实基础。

四、经验启示

"3+"高素质农民全程培育模式包含了高素质农民培育工程从培训需求调研、培育对象摸底调查和遴选、培育计划制定、培训教师选聘、教育培训（集中理论、参观学习、实习实训、线上学习、考试考核）环节的组织实施、线上线下融会贯通、全程跟踪服务指导等全过程，有效解决了成人培训教育的难点问题，达到了"学得会、用得上、发展得好、辐射带动强"的目标，树立了农民群众终身学习的意识，真正实现了从培训到育人"质"的转变，培养了一支"爱农业、有文化、懂技术、善经营、会管理"的高素质农民队伍。为全面推进乡村振兴、加快农业农村现代化提供了坚实的人才保障。

"55332"培育模式的实践与探索
——肃南县农业广播电视学校

一、背景

肃南县地处青藏高原东北前沿、河西走廊中部、祁连山北麓一线,与甘青两省7个市州15个县市区接壤,平均海拔3200米,总面积2.39万平方公里。全县总人口3.92万人,其中农村劳动力1.77万人。肃南县是一个以天然草原放牧为主的畜牧业县份,兼营少量种植业,全县基本草原面积2677.55万亩,耕地面积20.24万亩,畜牧业既是全县经济社会发展的基础产业,也是促进农牧民增收的优势产业。

肃南县农业广播电视学校是承担我县高素质农民培育的唯一培训机构,为副科级建制、财政全额拨款公益性双重管理的事业单位,核定事业编制4人。现有在编教师4人,其中校长1名(县委党校常务副校长兼)、副校长1名,专业技术人员3名。现有外聘专兼职教师共计50名,其中:高级职称24名,中级职称12名,农民技师及技术员14名。在编教师和外聘兼职教师能独立承担教学任务。

自高素质农民培育工程实施以来,肃南县农广校积极谋划,认真实施。结合该县农牧民科技教育培训和农牧业产业发展实际,探索出了"55332"高素质农民培育模式,即"5个精准、5项管理、3个注重、3式学习、2个平台",有效促进了该县高素质农民培育规范化、精细化、高效化,有力提升高素质农民培育质量。为现代农牧村快速发展、乡村振兴全面推进提供了智力支撑和人才保障。

二、主要做法

(一)5个精准,有效提升培训针对性

一是培训计划精准。按照培育对象各有侧重、培训资源相互补充、培训内容各有特色的原则,围绕农牧民群众培训需求,有针对性地安排培训班次,分产业、分项目制定培育计划,科学施教。二是培训对象精准。县乡村三级联动,培训人数具体到村,培训对象落实到有一定产业基础、急需发展壮大、愿意参加学习培训的农牧户,做到了底子清、数据准、培训精准,确保了各类培训有序稳步推进。三是培训内容精准。本着让每个参加培训的学员都能掌握1~2项实用技术技能的目标,按照科学、实用、可行、完整的要求,围绕三大模块精心设置培训课程、选定培训内容和教材。四是培训师资精准。严格围绕课程设置、培训内容聘请行业技术专家,省内外理论、实践水平较高的教授、创业导师,开展"保姆式"培训和现场技术服务,做到专家与农牧民"一对一"培训指导、"手把手"实践操作、"面对面"解决问题。五是培训措施精准。将每年的高素质农民培育任务分解到乡镇,落实培训目标任务考核机制,通过培训学习过程综合评价学员学习成果,对培训合格者颁发全省统一样式的《高素质农民培训证书》。

(二)5项管理,狠抓培训服务质量

一是严格培训管理。制定严格的培训班教学管理考核办法,采取量化评分的方式,强化教学管理;选派责任心强的教师担任班主任,全程跟班管理;推选组织能力强,积极性高的学员组成班委会,实行班主任负总责,班委会、各小组长分工负责和学员自我管理相结合的管理方式,严格纪律约束;同时,从学员出勤表现、学习表现、结业考试三个方面量化评分考核,作为发放培训结业证书的主要依据。二是严格档案管理。参照《甘肃省高素质农民培育机构档案和班级档案目录》格式,分期、分班级建立培育信息档案,按照"一班一案一计划"的要求,确定专人负责档案管理、信息采集上报工作,使档案台账的建立与培训班次运行同步进行,确保了档案台账建立的准确性和信息收集报送的规范性、时效性。三是严格考核管理。按照机构总结、县级验收、市级核查、省级抽查的考核验收程序,每年培育工程结束后,积极申请上级业务部门,对培育工程实施情况进行全面考核验收,查找培育工作中存在的不足和问题。四是严格资金管理。培育补助资金实行专账管理、专款使用。资金使用严格按照农业发展转移支付专项资金使用和培训费管理办法,对项目资金严格规范使用、加强使用监管,细化支出范围,对每个培训班次提前做费用预算,加强报账管理,严格报账程序。五是严格跟踪管理。集中培训结束后,一方面充分利用网络、短信、微信群、公众微信号等载体开展线上信息服务,另一方面充分利用农口部门专业技术人员和师资库培训教师组建科技小分队,对学员实行线下"一对一、一对多"对口结对帮扶,抓好后续指导跟踪服务。

(三)3个注重,狠抓培育培训实效

一是注重需求导向,科学设置培训内容。通过发放培训需求问卷、调查表、召开座谈会等形式,掌握广大农牧民群众对农牧业科技实用技术的培训意愿、培训需求,科学拟定培训计划、合理设置培训内容。同时,围绕现代农牧业发展和特色优势产业发展对关键技术的要求,实行"对症下药",有针对性地制订技术培训专题和实操练习,切实提高广大农牧民群众的理论水平和从业技能。二是注重内挖外拓,统筹利用培训资源。积极构建科研单位、农民专业合作组织所属的田间、牛棚羊舍实训基地,形成了以农广校为主阵地、科研单位、农民专业合作社为实训基地、省内外高等院校参与,具有创新意识的"土专家、土能人"为补充的"一主多元"教育体系,抓好农牧民科技教育培训,提升广大农牧民群众的综合素质。三是注重培育实效,灵活培育培训方式。采用科学有效的培育方式,将讲授式、讨论式、答疑式、案例式等多种方式方法引入到课堂教学中,增加了集中培训学习的吸引力和向心力。同时,围绕学员的从业现状和在生产中遇到的疑难问题,让他们主动发言,与授课老师互动,带着问题参加学习,通过学习解决问题,以"研"带学,学以致用,有效提升培育的针对性和实效性。

(四)3式学习,激发参训群众积极性

一是菜单式选学惠农。在开展培训之前,针对不同层次、不同乡镇、不同年龄的培育对象设定不同的培训内容,采用问卷、需求调查表等形式征求农牧民群众、党员干部的意见,让培育对象自己选择最需要学习的内容,推出适合农牧民群众

的"菜单式"培训方式,提高了培训的实效性,极大地激发了农牧民群众参训的积极性。二是订单式送学便农。各乡(镇)根据本辖区内农牧民群众对培训的需求进行分类统计后,上报培训学习"订单",农广校根据"订单"要求,合理设置授课内容,选定培训时间,适时组织师资力量上门授课,办流动课堂,开展送学上门活动,扩大了农牧民群众培训的覆盖面。三是互动式教学促农。彻底转变一言堂的灌输式教学模式,实施"众言堂"的启发互动式教学模式。在培训过程中通过组织讨论、事例分析、现场问答、专家座谈、主题讨论等形式,开拓参训农牧民的思维方式,让农牧民在互动中现身说法,交流在发展生产、增收致富、日常种养殖过程中的好经验、妙办法。并通过现场观摩"手把手"的教学方式,把课堂搬到田间地头、牛棚羊舍,使农牧民群众自觉融入到学习培训当中。

(五)2个平台,拓宽培育培训服务面

一是开通手机短信服务平台。在做好传统实用技术培训、现场指导、实践教学、印发资料的基础上,充分利用现代化的通讯技术,及时推出"企信通"手机短信服务平台,适时向高素质农民发布农牧业生产资讯与动态,实用技术、惠农政策、科技培训等信息,为该县农牧民群众提供了高效、快速、便捷的服务,较好地解决了农牧业信息服务"最后一公里"的问题。二是创建班级微信服务平台。将每个班次授课教师和所有参训学员纳入微信群,及时发布本校工作动态,实用技术信息和高素质农民培育相关政策动态,便于学员交流学习,认真解答学员在生产生活中存在的各类问题,及时开展跟踪指导服务,确保学员离校不离训,为高素质农民培育长足发展奠定了基础。

三、主要成效

(一)高素质农民培育队伍不断壮大

高素质农民培育工程实施以来,省农业农村厅先后下达我县高素质农民培育任务550人。通过全县上下共同努力,共计培育746人,其中:经营管理型517人,专业生产型154人,技能服务型75人,超计划任务135.63%。一批又一批"农二代"成为农牧业后继者,成为了现代农牧业建设的新生力量,造就了一批既不离土又不离乡的乡村人才队伍,成为了现代农牧业发展的领路人。

(二)农民中职学历教育提振发展动力

持续推进乡村振兴带头人学历提升行动计划,鼓励高素质农民参加学历教育,先后开办了中职学历教育畜禽生产与疫病防治、动物疫病防治、休闲农业与乡村旅游、家庭农场生产经营专业4个班,招收学员267人,毕业260人。中职学历教育为培养具有高度社会责任感和职业道德、良好科学文化素养和自我发展能力、较强农业生产经营和社会化服务能力,适应现代农业发展和乡村振兴发展要求的高素质农民作出了努力。

(三)新型农业经营主体数量迅速增加

高素质农民培育工程启动实施后,在原有的基础上,建成完善1个综合市场和4个乡(镇)农贸市场,培育完善农民专业经济合作组织376个,其中国家级示范社3家、省级示范社20家、市级示范社57家,使农畜产品基本实现了"基地+牧户+专业合作社+公司"的产业化经营模式,带动农牧户4800多户,占总户数的56%。积极引导农牧民创建示范性家庭(农)牧场,培育创建市级示范性家庭农场46个、县级示范性生态家庭牧场40个。培育养羊120只以上、养牛30头以上的规模养殖示范户4348户,年育肥出栏肉牛肉羊60万头(只)左右。建成全县农畜产品电子商务中心1个,网络营销服务平台5个、网店35家,推动农畜产品、土特产品、民族手工艺品等特色产品"进城""上网",形成了线上线下互动、农户客户直通的电商发展格局。涌现出了细毛羊养殖大户李雪云、牦牛养殖大户安红军、新型农业经营主体带头人郎雪飞、朵玉岗、王爱华、陈永山、李学文等一大批爱农业、懂技术、善经营、会管理的优秀农牧村实用人才。

四、经验启示

(一)搭建了相互交流学习的平台

通过参加各类培育培训,学员利用学习机会,相互交流学习。自发地组建了学习小组,并利用手机平台组建了微信交流群,相互交流技术难题、探索产业发展的方向和前景,在生产技术方面不再保守,资源共享,互相促进,共同提高。

(二)提高了学员发展产业的信心

通过灵活多样且针对性强的培训,以及规范管理和后续跟踪指导服务持续助力,学员们不仅学到了技术,开阔了视野,增长了见识,丰富了知识,思想认识进一步提高,生产技能明显提升,更加坚定了他们从事农牧业生产,特色优势产业发展、创新创业的决心和信心。

(三)促进和带动了地方经济发展

突出重点地方特色优势产业生产关键环节的关键技术和服务关键领域的关键技能展开培训,加速了农牧业科技成果转化率和农牧业生产的大发展,使我县"高原"和"绿色"两大资源优势凸显,品牌带动效应持续增强,促进和带动了地方经济的发展。

(四)构建了农民教育培训新格局

县乡村三级适时把握新阶段高素质农民的新要求,贯彻新发展理念,不断构建"一主多元、政策支持、多方协作、共同发展"的农牧民教育培训新格局,让更多人了解了高素质农民的劳动成果和农民教育培训的成果,展现了高素质农民在全面建成小康社会、奋力推进乡村振兴战略的时代风采。

扛责任　提质效　精培深研育新人
谋创新　促发展　产业兴旺促振兴
——天祝县农业广播电视学校

一、背景

天祝县农广校成立于1981年12月,现有教职员工11人,其中专业技术人员8人,包括高级职称3人、中级职称4人、初级职称1人。

2019年至2020年共培育高素质农民550人,其中:2019年培育300人,2020年培育250人。培训内容包括种植、养殖、农产品加工、合作社运营管理、农机服务等农村实用技术及普及推广,受训农民涵盖全县19个乡镇、176个行政村。在培育项目实施过程中,天祝县农广校始终围绕全县农业特色产业发展实际,以农民培育需求为主线,把培育前、培育中、培育后各个环节用农民需求这条主线串联起来,在每个培育环节都使真劲下真功。培育前认真做好高素质农民培育需求调查,根据调查结果确定培育类型;培育中紧贴学员生产实际,在培训时间、培训内容、培训方式上大胆尝试,培训时间贴合农时,培训内容与学员产业发展紧密结合,同时兼顾满足学员的差异性需求,让学员听得懂、学得会、用得上;培育后,针对学员在生产中遇到的实际问题和"学用脱节"难题,组织专家团队,对本年度高素质农民实施跟踪服务。整个培育过程,教师善抓机遇、因势利导,学员勤奋好学、敢闯敢试,大胆运用新模式、新方法、新思维,不断突破培育中存在的"学用脱节""农学矛盾"等瓶颈问题,培育工作取得了较好成效。

二、主要做法

(一)紧盯培育需求,多形式摸底调研把好学员遴选关

每年开春,学校都会结合农民冬春大培训组织教师开展农民培育需求调查。调查摸底以专业大户、家庭农场、农民合作社、农业企业、返乡涉农创业者等新型农业经营主体带头人为重点,兼顾长期稳定在农业龙头企业、农民合作社、家庭农场从事劳动作业的专业技能型农业劳动力。调查摸底数量一般以1:2的比例进行,即摸底对象要为实际招收学员的2倍,对于有参训意愿但本次因专业或时间不合适的群众及时录入培育学员库,下次培训优先录用。为精确掌握群众的培育需求,学校还设计了《高素质农民培育个人需求问卷》,调查问卷涉及高素质农民培育意愿、时间安排、课程设置等二十多个问题,每次调查时,将调查表现场发放给群众填写。调查摸底后,学校对于摸底调查情况进行统计分析,准确掌握高素质农民培育对象的数量、拟培育专业、文化程度、收入水平和培育需求等,然后根据调查结果,将具有共同培育需求的学员安排到同一培育类型组班培育,对于有差异化培育要求的群众另外组班或及时录入学员培育库,另择时机培训。

(二)创新培育模式,培育内容和方式紧贴农民实际需求

一是根据农时季节特点,开展分段式培育模式。为解决"农学矛盾"突出问题,根据群众意愿和产业特点,探索就地就近全程分段的培育模式,在一个产业周期内,分阶段组织集中培训、实训实习、参观考察和生产实践。2019年蔬菜产业班培育中,根据农时季节将培训工作分为三段进行,农闲季节集中理论授课,农忙季节深入田间地头开展实操培训,根据蔬菜不同生长期分阶段观摩学习。分段式培训解决了学员学习时耽误农时的后顾之忧,使培育、农时两不误,得到群众普遍认可,培育效果显著。二是根据农时时效性需求,开辟线上教学渠道。为了拓宽学习渠道,根据农事农时时效性需求,开通了天祝农业农村快手APP账号"专家讲堂"直播栏目,直播栏目邀请全县具有丰富教学经验和高超实用技术的专家学者

授课。为方便学员学习,选派1名技术骨干专职主持栏目,在直播时及时解答学员提出的各种技术难题,搭建起技术干部与高素质农民学员的互动交流平台。每期高素质农民集中培训时,指导学员关注天祝农业农村快手APP账号"专家讲堂"直播栏目,并要求按时打卡收看。"专家讲堂"栏目开播以来,粉丝量已达6880人次,我校培育的高素质农民大多都成为栏目的铁杆粉丝,从中受益匪浅。三是根据产业相近原则,组建学员学习群。为了把具有共同产业和学习兴趣的学员组织起来,每期高素质农民培育开班时,我校都组建1~2个高素质农民学员微信专业群,按照不同的产业及时推送各类种养殖技术、产业扶持政策、禁毒、扫黑除恶、防范网络诈骗、灾害性天气应对等信息。通过线上多频次推送,使学员能够及时掌握农业生产最新动态,提高科技种田水平、法治意识和知识水平。特别是2019年组建的高素质农民中药材交流群,已成为我县中药材种植户学习交流的主要平台,许多高校专家、省内外药材经销商和种植大户都加入其中,实现药材种植技术和市场信息资源互利共通,为全县中药材产业高质量发展起到了积极的推动作用。

(三)注重训育结合,预约上门送教抓实跟踪服务

学校在高素质农民培育过程中始终坚持"扶上马送一程"的培育理念,着力避免"一训了之",常态化开展跟踪服务。为搞好跟踪服务工作,每期培育班都制定高素质农民学员跟踪服务计划,组建专家团队,明确服务对象、内容及方式;回访时详细了解学员在生产中遇到的技术难题和产业发展瓶颈问题,并提供切实可行的解决方案;征求学员对高素质农民培育工作的意见建议,为下年度培育提供依据;学校在跟踪服务时,大力推行田间实践教学,构建农技员与高素质农民结对跟踪服务长效机制,农技人员长期开展面对面、手把手技术指导。在回访的基础上,还适时邀请高素质农民学员代表召开座谈会、演讲会等,为学员提供展示平台,听取参训感受、培育效果评价和意见建议,增强学员思考分析问题、自我表达展示的能力,为今后更进一步做好高素质农民培训工作奠定基础。此外,我校还不断优化跟踪服务方式,利用微信群、云上智农APP等媒介,为学员提供远程教学、信息推送、问题交流等服务,持续开展后续技术咨询和指导,不断巩固拓展培育成果。

三、主要成效

多年来,始终坚守"农民的需求就是我们的追求"的培育理念,通过大胆探索和不懈努力,高素质农民培育工作取得了可喜成绩,一批有文化、懂技术、善经营、会管理的高素质农民,活跃在全县农业生产经营各领域,他们掌握了先进的生产技术和经营管理理念,涌现出了韩珏、张冬梅、徐世涛、刁达吉、李天岩、张国堂等一批农村优秀人才。如高素质农民优秀学员韩珏,成立天祝县佳禾农业专业合作社、天祝县富盛农业科技有限公司,以"生产在家,服务在社,营销在司"发展思路,通过"公司+合作社+农户"模式,加大蔬菜外销和出口力度,年出口鲜菜135吨,年销售收入1800多万元。申请莴笋、甜脆豆、娃娃菜等绿色认证A级食品8个,注册"藏乡富盛"品牌,为打造天祝雪域高原特产、藏乡天祝精品作出了积极贡献。获得天祝县"百千万"创业引领工程创新创业大赛二等奖,"天祝高原冷凉蔬菜新品种引进试验示范推广项目"获得甘肃省"百千万"创业引领工程"新型职业农民"创业达人选拔活动三等奖。再如高素质农民、2021级中职班学员张冬梅,创办泰润民农机服务专业合作社,先后投入资金500多万元购置农机具90余台套,走出了一条养殖与种植互补、流转与托管并举、农机具服务与牧草及种子购销相结合的多种经营路子,年产值达500多万元,吸纳邻近村组群众常年稳定务工。被省农机总站命名为"全省优质牧草全程机械化生产示范基地",获得天祝县"百千万"创业引领工程创业创新大赛优秀奖,取得高级农艺师职称资格。

四、经验启示

在高素质农民培育中,天祝县农广校始终秉持"实用高效便民"的原则,力争使每一位学员都成为学有所成、学有所长的典范。目前,我校培育的高素质农民学员活跃在全县农业生产各条战线,成为全县乡村振兴的排头兵。培育工作之所以能取得如此骄人成绩,离不开以下几方面的探索和努力:

一是学员遴选中开展需求调研,精准选人育人,并将实际参训学员和遴选学员按1:2比例进行足额备案,确保参训学员数量充足。

二是根据群众需求及农时季节,开展分段式培训,通过把课堂搬到田间地头、集中授课、现场教学、互问互答、典型引领、"田秀才""土专家"授经、现场提问等多种参与式互动式培训,使培训通俗易懂、简单易学、接地气,确保参训学员听得懂、能记住、会操作,掌握真才实学和关键技术要领。

三是专职指定一名教师在组建的各类高素质农民学员微信交流群中多频次推送各类种养殖技术、产业扶持政策、扫黑除恶、防范网络诈骗、灾害性天气应对等信息,确保历届高素质农民学员常规学习始终有人管、愿意管、愿意被管。

四是开辟了线上学习新课题,通过天祝农业农村快手APP账号"专家讲堂"直播栏目,利用微信群组织学员每周三下午四点进行线上学习,使学员能够及时了解农业生产最新动态,掌握新技术,增进知识,拓展视野。

五是组建的专家跟踪服务团队跟进服务有力有序,切实做到了为学员谋出路、出实招、解难题。

在高素质农民培育中,天祝县农广校精培深研、学用结合、大胆探索、不断突破的创新模式得到了学员和广大群众的高度评价和普遍赞誉。接下来,学校将以更新的理念、更大的决心,不断开创高素质农民培育新模式,争取走出一条更贴合天祝产业发展的高素质农民培育创新之路,为实现"生态美、产业优、文化兴、百姓富"的幸福美好新天祝作出农广人应有的贡献。

"四培""两提升"开展高素质农民培育案例
——西峰区农业广播电视学校

一、背景

西峰区农广校作为西峰区农业农村局下属事业单位,共有编制14人,其中专业职称7人,副高级3人,中级1人,初级3人,与西峰区农民技术培训中心属两块牌子,一套班子,主要承担全区农民技术培训工作。

近年来,西峰区按照习近平总书记关于新时代"三农"工作的重要指示精神,突出乡村人才工程培育,结合高素质农民、陇原青年创新创业人才、乡村振兴人才培育等项目,培育出了一支留得住、用得上、素质高、技能强的乡村实用人才队伍,为全区乡村产业振兴贡献了一份力量。但在培训中仍存在培育对象遴选困难,群众对培训存在偏见,部分群众甚至心理认为培训是走形式、走过场;培训课程缺乏灵活性,固有传统"灌输式"培训对群众学习积极性调动不强,系统性对"三农"工作和农业现代化新理念、新思路及高质量发展等方面的提炼萃取讲解内容偏少;聘请接地气的"土专家、田秀才"和专家学者通过田间地头现场指导不到位;部分群众因工作和生产生活忙碌不能静下心参与培训;因疫情影响培训计划不断调整,后续跟踪服务缺乏有效手段,存在"一培了之""一训了之"等问题。

针对以上存在的问题,为了提升培训质量和培训效果,我们注重细节,调整思路,改进方法,通过有效工作措施,积极探索"四培"(即选准培训对象、活化培训形式、丰富培训内容、创新培训理念)"两提升"(理论水平有提升、思维模式有提升)培训模式,让高素质农民培育工作有质量、有实效、有特色。

二、主要做法

(一)培训对象突出"准"

高素质农民必须选择有一定产业发展意愿和基础的爱学习、爱农业、爱农村的农民群众,经营管理型更注重凸显"带头人"作用,所以围绕西峰区重点产业发展和乡村治理及社会事业发展带头人,我们精准开展培育对象选择的活动。一是充分利用"乡村大喇叭"媒体手段,分时段在全区范围内进行播报宣传,增加遴选对象选择的广度和深度,"不漏死角"让全区农民了解高素质农民培育政策,选好培育主体。二是以产业发展的重点村为对象,工作人员深入村组、田间地头开展宣传,重点选择农民专业合作社、种植大户和意愿发展乡村产业的返乡青年、退役军人及致富带头人等。三是以乡村组为重点,在全区范围内遴选较为年轻的村组干部,突出乡村治理,引导带领群众发展产业,对选择的培育对象,详细登记了学员家庭和产业发展基本信息,做到了精细化、精准化管理。

(二)培训形式注重"活"

针对培训中存在的偏见和走形式、走过场及学员流失现象,我们系统性分析存在的问题,逐一解决。一是从自身找原因,对带班老师和参与项目实施的工作人员进行班前培训,让工作人员牢固树立服务意识,要求做到对每位学员都像"家人"一样对待,让学员在学习中消除消极怠慢情绪和各种思想包袱,带着愉快的心情参与学习培育,实现"破冰行动"。二是广泛征求培训学员意见,争取最大限度让学员参与培训活动,原计划2022年10月开展的实践和参观学习由于受疫情和群众农忙时节影响,在大多数学员的建议下,调整到2023年春节后开展,参训学员积极性得到了有效保障,群众满意度和好评率全面提升。三是及时调整培训计划,受疫情影响,对实施方案中理论学习、线上学习和实践参观学习等根据实际作出调整,并及时对接管理后台的相关负责人加以解决,既保证了培训质量,又保证了培训整体进度。

(三)培训内容注重"全"

为了让培训达到系统化、全面化要求,对照高素质农民培训新要求,一方面,在培训书籍选择上,除培训老师涉及的课程外,突出现代农业产业化经营与管理、民法典等辅助书籍,让广大学员增加受训知识面,更好服务乡村建设。另一方面,课程设置上,围绕全区重点产业,聘请"接地气"、市场经验丰富的专家开展专业技术培训;在注重农业专业知识培训的同时,增加思政课、法律、公共卫生知识、电商等培训内容,先后聘请陇东学院、庆阳市疾病预防控制中心、区司法局等单位专家开展习近平新时代"三农"工作、农村卫生健康、民法典的培训,增加培训授课知识广度。此外,在培训方式上,打破传统"说教"式培训模式,增强课堂互动性,让学员充分融入课堂学习;采取线上线下融合,让学员通过云上智农、老刀学霸等APP学习的同时,通过微信群链接相关知识,实现资源共享。

(四)培训理念突出"新"

针对部分社会培训机构"鱼目混珠"的乱象行为,加之受诸多因素影响,农广体系人员普遍老化,体系建设弱化,高素质农民培训从某种程度被认为和其他就业技能型培训混为一谈,面对这样的困窘,如何按照"懂农村、爱农业、有文化、善经营、会管理"的高素质农民培育要求开展培训,成为开展培训的关键所在。在高素质农民培育项目实施中,我们提出培训农民先从培训理念入手,首先从理论层面系统性阐述现代农业生产经营管理技术,将党对"三农"工作的政策讲深讲细,结合理论课程和第一次跟踪服务,对2022年中央一号文件和2023年中央一号文件进行解读,让群众深刻认识粮食安全和乡村振兴内涵,从心理层面调动其生产积极性;其次我们运用"手机是新农具、直播是新农活、短视频是新经济"这种新理念,在培训课程中充分加入电商和数字农业等现代化培育手段,让学员增加对全产业链和农业4.0版的认识,破除固有的传统农业思维模式,以便更好地运用到生产实践当中;三是实践参观学习环节,我们坚持"走出去、引进来",先后在杨凌、泾阳等现代农业发展好,蔬菜全产业链健全的地方参观学习,开拓视野,并邀请对当地产业历史发展感受深刻、经验丰富的基层干部和合作社负责人进行推心置腹"接地气"式讲解,用真实故事和案例引导学员发展产业,避免了"走马观花"式参观学习;最后,通过开展高素质农民培育,将全区范围内善经营会管理、技术本领硬、市场经验丰富的农业企业、合作社负责人"牛人"联合起来,组成土专家、田秀才团队,联合办学,形成宣传"口碑"不断壮大农广校体系建设,解除被动局面。

三、主要成效

通过实施高素质农民培育等项目,使农广校与学员、学员与学员建立了良好的沟通关系,引导村组干部和专业合作社负责人及种植大户参与社会治理和全区重点产业发展,积极性明显提升,产生了显著效应。一方面,学员对现代农业发展有了系统性认识,懂得了理论指导实践的重要性,消除了对政府产业政策的对立情绪,有助于弘扬正能量,助力乡村振兴产业人才振兴工程。如董志镇一名蔬菜种植大户从事蔬菜生产8年时间,由于未享受到补助政策存在负面思想,通过培训消除了消极负面思想,成了名副其实的"田秀才"。另一方面,改变了部分学员的固有传统观念。部分学员特别是一些村组干部对村集体经济持怀疑态度,当在杨凌田西村参观学习村集体经济发展模式后,改变了传统思维模式,增强了自我发展的动力。第三方面,实现了资源共享。农广校通过组织学员外出参观学习,与市区周边和陕西杨凌、泾阳等农广校建立了合作关系,极大的促进了相互学习,实现了互通有无;同时学员之间、学员与专家、学员与农广校之间,通过线上交流,既互通了市场、技术信息,又分享了各方面农业技术,极大的消除了信息不对称。第四方面,用行动转换心态。培育高素质农民,学员通过听、学、看、想,由被动变主动,既增强了发展产业信心,又逐步达到了乡村振兴农民主体地位的作用。

四、经验启示

培育高素质农民旨在提升农民整体素养,用现代化农业新理念武装头脑,走习近平新时代中国特色高质量农业发展之路,尽早实现农业现代化。所以,农广校作为高素质农民培育的主力军和引领者,必须要有比农民更高层次的知识水平和理念,才能赢得群众认可,获得好口碑。

培训高素质农民先理念后技术,充分利用现代新媒体手段开展培训,用好手机这个"新农具",用数字化理念培育"新农人";发挥"牛人"效应,团结农业企业和农民专业合作社,建办高质量农民田间学校,用好"牛人"这张高素质农民"名片",让农广体系更具魅力和活力;加大培训宣传力度,让更多的农民认可农广校,认可高素质农民培训,由"我被培训"变为"我要培训";工作人员要树立良好的培训服务意识,要有"店小二"的精神系统性、灵活性开展培训,把培训办在田间地头,办在群众心里,让广大农广人更有使命感、荣誉感、获得感和幸福感。

宁县"田间课堂"培训模式
——宁县农业广播电视学校

一、背景

宁县农业广播电视学校成立于1981年,现有专职教师9名。现有教师数据库中,约有30名中高级职称教师常年参加我校举办的各类培训。多年来,我校作为提高农民素质的主要阵地,致力于各类农民科技教育培训,编写并印发了《宁县优质苹果标准化栽培技术》《小麦高产栽培技术》《全膜双垄沟播玉米栽培技术》等5本教材,在农民科技教育培训方面发挥重大作用。

2020年高素质农民培育项目实施以来,宁县农广校针对县域产业发展现状,开展养殖、种植、合作社骨干、农业信息员、农村电商等专业的高素质培训,参训人数980人次。在三年的培训摸索中打造了"田间课堂"培训模式。自田间课堂式培训模式开展起来,农民接受快、培训效果好,全县高素质农民培育工作步入了一个新的阶段,取得了很大成绩。

"田间课堂"培训模式是宁县农广校立足县域实际,结合本地农村传统和农民意愿,摸索出的一种高素质农民培育模式。该模式以宁县农广校为管理主体,统一管理,统一组织。通过基地配合,外聘专家讲授,县内能人示范等培训方式,有针对性地甄选一批产业发展好、示范效能明显的农业合作社和农技协会作为培训课堂。将单一的课堂讲授控制在总课时的30%以内,大量的时间安排在田间地头,利用实践操作结合讲授示范;现场解答参训农民的技术难题,双向互动;结合现场操作,组织岗位练兵和技能比赛,充分调动参训农民的注意力和积极性,切实提高培训实效。目前,"田间课堂"已成为宁县广大农民自主参与并互助提高的实验性平台,同时也是农民素质提高和能力建设的重要途径。

二、主要做法

(一)精心制订实施方案

传统的课堂教授方法单一,学习形式单调,加之部分农民文化基础较差,领悟能力不强,导致一般的培训达不到预期效果。田间课堂模式,重在把单一的课堂教育搬入田间地头,突出实践技能,突出示范引导,突出多向互动,以农民习惯接受的方式,达到事半功倍的效果。

1.制订翔实的总体方案。田间课堂模式机动性强,不可预知因素较多,都会对正常的培训计划造成干扰。县农广校作为培训组织者,在制订计划时,除了可控因素外,还必须预设多套应急预案,以应对随时可能发生的诸如气候、交通等不可控因素,一旦发生突发事件,力争利用最短时间,最快解决,做到有备无患。

2.培训计划务求操作性强。一是培训内容要有针对性。每次培训开展前,宁县农广校必须多次甄选培训基地,结合农时和节令,有针对性地开展培训,做到培训时间和内容"双精准",具体针对某一时间段农业生产过程中出现的具体问题开展培训,力争通过培训解决实际难题。二是互动过程尽量可控。田间培训,重在调动农民的积极性,通过教师讲授、农民提问,做到双向互动,现场解答、现场操作示范,解决农民的实际问题。这就要求培训教师务必认真备课,除计划内的培训内容外,还要涉及到该时间段农业生产过程中的一些具体问题,确保培训过程中农民有问必答、有疑必解,确保整个过程有序可控。

(二)精准认定培训对象

高素质农民培育,必须要充分考虑农民的求知意向和产业发展状况,把农民意愿作为选定培训内容的重要因素加以考虑,根据不同培育对象,按"一班一案",分期分段安排课程,分门别类开展培训,力求做到培训内容精准,培训效果明显。

1.以产业现状确定培训对象。近年来,宁县以农业稳产增产、农民稳步增收、农村稳定安宁为目标,以全力推进粮、果、药、菌、菜、畜等全省优势特色产业发展为核心,大力开展高素质农民培育,使全县产业结构趋于合理,基地规模优势凸显。宁县农广校把全县划分为三个不同的培训区块,有重点地培训一批新型菜农、果农和养殖能手。一是培训职业菜农。在城北河、九龙河川区,重点开展以设施瓜菜种植为主要内容的种植培训,围绕蔬菜生产确定参训对象,旨在培养一批懂技术、会经营的新型菜农。二是培养新型果农。和盛、早胜和盘克三大塬区,以苹果产业为基础,开展果园经营、病虫害防治和果品经济为主要内容的培训,努力提高果园管理经营水平,并示范性地开展一期电商经营培训班,重点扶持一批懂技术、会操作的淘宝店主,丰富果品销售模式,使宁县苹果通过网络销售平台销往全国各地。三是培训一批养殖能手。在良平、春荣等几个养殖大镇,以生猪肉羊养殖为重点,针对传统养殖模式的弊端,通过外出学习、现场观摩等努力使养殖户通过品种引进和新技术使用,扩大养殖规模,抵御市场风险,提高养殖效益。

2.以农民意愿选定培训主题。采取任何一种培训模式都必须坚持农民的主体地位。只有充分听取农民意见,尊重农民意愿,不替农民做主,不搞强迫命令,才能吸引农民积极主动投入高素质农民培育中来。精细培育,精准培育,着力培养农村用得上、能致富的高素质农民。

一是开展"点单式"培训。培训计划出台前,宁县农广校通过问卷调查、电话调查等方式,充分掌握农民意愿,急农民之所急,想农民之所想,有针对性地制订精准的培训主题,确保通过培训,解决农民生产过程中的各种难题。二是开通互动平台。充分利用微信群、QQ群等新型社交平台,搭建农业专家和农民交流的便捷通道,让生产难题第一时间反馈、第一时间解决。三是注重回访。对培训效果和农民的满意程度,开展定期、不定期的回访,倾听农民意见,及时修正培训计划。力争使农民成为真正的培训主角,让农民掌握培训的主动权,组织者、教师、基地等培训要素都围绕农民的意愿和农业生产的具体需求来运转。

(三)精心选聘培训教师

师资是决定高素质农民培训效果的关键要素,宁县农广校"内引外联",引导县内实践经验丰富的行业专家,把行业领头人聘为兼职教师,积极投身高素质农民培训;多方联系专业院校和科研机构权威专家,参与到县内农民培训中来。

1.让县内行业专家成为农民老师。宁县是一个农业大县,农技、林果、畜牧部门人才资源丰富,各部门的专业技术人员常年奋战在生产一线,了解行业实际情况,实践经验丰富,与广大农民感情深厚。近年来,宁县农广校充分利用培训资源,搭建交流平台,使县内农林牧行业的专业技术人员的研究成果尽快转化为生产力。行业专家通过培训,与广大农民建立了深厚的感情。三年来,先后动员引导县内农技、林果、畜牧等部门33名中高级职称的行业专家成为兼职培训教师,组建了一支稳定的师资队伍。

2.外聘行业权威。紧跟市场导向,掌握现代农业知识的高素质农民,才能成为农业和农村发展的主力军。宁县农广校利用培训资源,多方联系协调,聘请西北农林科技大、陇东学院等科研院所和院校的权威专家为县内农民传经送宝,让参训农民及时了解农业发展趋势,掌握前沿知识和技能,更好地服务于农业生产。

3.努力提高培训实效。一是下发培训要点。培训结束后,根据教授内容和学员关注的知识点,组织培训教师和专业人员,编写知识要点,第一时间下发给参训学员,指导农业生产。二是编写培训简报。通过简报,全方位地展示新型农民培训的新动态、新问题。综合分析学员的意愿和要求,反馈给教师队伍和培训基地,修正培训方式和内容。三是积极搭建交流平台。充分利用农技网、微信、QQ群等新交流平台,为师资、基地、学员之间交流搭建便捷通道,使一线的生产难题第一时间得到解答,学员之间的心得和经验第一时间得到讨论和分享。

(四)创新考核方式,提高培训成效

考核是检验培训成效的有效手段,宁县农广校把培训和考核紧密结合,做到每期必考,成绩反馈,全力提升培训效果。

1.加强笔试考核。每期培训,由培训教师和班主任精心编写考核试卷,培训结束时,所有参训学员都要参加笔试考核,成绩记录归档。

2.开展多种形式的技能考核。"田间课堂"培训模式,重在强调实践操作,培训过程中,阶段性地组织技能竞赛、技术练兵的考核形式,通过竞赛和练兵,培养优秀学员,寻找差距,修正以后的培训计划。

3.考核结果反馈。培训结束后,学员的培训结果反馈到乡村或所在的合作社,建议乡村在扶贫帮扶和惠农扶持方面优先考虑成绩优秀、技能掌握熟练的优秀学员。

三、主要成效

1. 创新了高素质农民培训模式,以农民乐于接受的方式,提高了培育成效,有力地推动了我县农业产业的发展。

2. 发挥了示范作用,带动周边群众共同发展。田间课堂模式直观性强,和生产实践紧密结合,参训学员学以致用,不但将所学科技知识应用到自己的生产实践,同时将所学技能传授给左邻右舍,带动周边群众共同致富。

3. 促进学员之间的相互学习交流,增长见识,开阔眼界。通过组织外出参观学习,拓宽了视野,给学员带来了全新体验,实地学习示范区的成功经验,让学员得到前所未有的视听效果,学员充分利用培训平台,相互交流探索产业发展方向和前景,相互之间形成资源共享。

四、经验启示

1. 突出"田间"模式。针对农民这一特定培训群体,大量的课时安排在田间地头或车间,通过直观现象加深理解和记忆,有利于吸引学员注意力,增强培训效果。

2. 尊重农民意愿。培训内容和时间选择,充分尊重农民意愿,开展"点单式"培训,尽可能多地安排群众乐于接受的内容。通过实地调查和专家研究掌握的具体问题,有针对性地甄选培训主题,力争通过群众喜欢的方式传授知识,指导实践。

3. 强调实践技能。通过培训教师在田间或车间实践操作,手把手地引导,让学员直观感受到新技术、新技能的特点和要领;并通过学员和教师之间的双向互动,针对学员提出的问题,现场模拟操作,现场解决农业生产中出现的具体问题。

4. 强化互动交流。通过前期调查、后期回访,对培训意愿和效果充分掌握。积极搭建交流平台,以QQ群、微信群为依托,开展实时交流讨论,对学员生产中出现的实际问题,通过照片或视频描述,由教师团队网上解答。

多样式跟踪服务
助推高素质农民培育
——敦煌市农业广播机械化学校

一、背景

敦煌市农业广播机械化是一个公益性科级事业单位,隶属敦煌市农业农村局管理,核定事业编制7个,现有在岗职工5人,其中:正高级职称1人,副高级职称1人,中级职称1人,初级职称2人。主要承担农民实用技术培训、农村实用人才培养、高素质农民培育、农业信息化服务和农业技术人员继续教育培训等工作职能。敦煌市是高素质农民培育计划项目县,项目实施以来,以专业合作社带头人、家庭农场主、种养大户、农机手为重点培育对象,实行"线上培训、线下集中、实训参观、跟踪指导"相融合培育,着力培养一支有文化、懂技术、会经营、善管理的高素质农民队伍,为乡村振兴和现代农业发展提供了人才支撑。

为了有效解决在培育过程中存在的后续发展中动力不足、对新技术的接受能力较弱、示范带动能力不强等问题,敦煌市农业广播机械化学校把后续跟踪服务作为高素质农民培育的重要环节常抓不懈,不断探索创新跟踪服务的形式内容,总结形成了"实地走访、电话回访、微信交流、线上学习、学历教育、回炉锻造、日常指导"的多样式跟踪服务模式,搭建高素质农民互帮互学、互惠互利的发展平台;持续跟踪农民训后产业发展、项目推介、技术指导等延伸服务,从生产需求、技术咨询、创业引导、信息共享等方面对高素质农民开展全程跟踪指导和服务,为乡村全面振兴不断注入源头活水。

二、主要做法

通过制定印发《敦煌市高素质农民培育跟踪服务实施方案》,召开了高素质农民培育跟踪服务推进会议,遴选确定高素质农民培育跟踪服务指导员,明确了跟踪服务的对象、目标、措施和办法,逐步拓展了跟踪服务形式和内容,提升跟踪服务效果和质量。

(一)"实地走访"实现现场学习交流

根据"关键农时、学员需求",组织培训指导员根据学员不同产业培训需求,按照农时季节、分批次有计划地深入学员家中、田间地头开展"一对一""面对面"技术指导服务,现场答疑解难,传授讲解农业新科技,着力解决学员在农业生产中遇到的实际问题,为学员搭建了一座沟通农技专家的智慧桥梁。

(二)"电话回访"实现快捷高效指导

制作了"高素质农民培育跟踪服务联系卡"发给每个学员。指导教师和学员可以随时进行电话回访,随时了解学员在生产和创业中需要注意的问题,帮助他们想办法、理思路、鼓干劲,激发学员的创业信心和热情。

(三)"微信交流"实现了技术资源共享

依托培训产业、教学班,分类建立了"高素质农民微信交流群",为其互相交流、切磋技艺、增强抗市场风险能力提供支撑。指导教师与学员、学员与学员之间相互交流探讨生产技术、创业心得、创业经验、农产品供求等问题,让学员有了一个便捷高效、面对面交流的信息平台。

(四)"线上学习"实现信息指导服务

依托甘农云APP和敦煌市"三位一体"等信息平台,从技术、农资、培训、销售、合作、发展等方面开展跟踪指导服务,围绕葡萄、蜜瓜全产业知识链,以关键技术知识点讲解和现场演示为主要内容,拍摄制作农业标准化生产微视频30期,为学员提供标准化技术、自然灾害预警等信息服务,在平台享受平价购买农资,快捷金融信贷等服务,让学员足不出户就能了解党的强农惠农政策、种植养殖技术等信息,实现农业信息共享与交流。

(五)"学历教育"实现技能学历达标

按照"人人可学、时时可学、处处可学"的办学理念,严格按照中职教育教学计划,积极探索高素质农民培育和中职教育有效结合的模式,依托高素质农民培育计划,积极组织有学历需求的参训人员参加农广校中职教育,延伸与拓展学习内容,建立培训课时与学分转换机制,使高素质农民实现技能学历双达标。先后举办农村经济综合管理、农民合作社运营管理等5期中专学历教育教学班,全市累计有227位农民获得了中专学历证书。

(六)"回炉锻造"实现能力素质提升

制订素质提升培训计划,遴选产业发展规模大、示范带动作用强的优秀员回炉锻造,通过集中培训、实训实践、观摩学习,从经营理念、管理水平、思维方式、眼界开阔上提升他们的综合素质,注入发展主动力,真正做到"扶上马送一程",使其真正成为乡村振兴中的"领头雁""排头兵",发挥示范带动作用。2021年以来先后举办4期高素质农民素质提升培训班,培训学员200多人。

(七)"日常指导"实现跟踪服务常态化

将高素质农民培育跟踪服务纳入村级农民技术员目标责任书考核内容,签订跟踪服务协议,明确跟踪服务对象、工作要求,对高素质农民开展经常性的跟踪指导服务。要求每年跟踪指导培训不少于4次,其中:入户指导不少于1次,建立《高素质农民培育跟踪服务台账》,作为年终考核依据。全市聘用村级农民技术员72名,签订跟踪服务协议72份。

三、主要成效

一是激发了农民创业热情。通过跟踪服务培训,使高素质农民在经营管理水平、专业服务技能得到全面提升,创业热情、创业能力进一步增强,为今后从事专业化生产、规模化经营,不断壮大新型农业经营主体,提供了智力支撑。

二是促进了特色产业发展。通过跟踪服务面对面讲授、现场实训、观摩学习,使高素质农民创新了理念，开阔了视野，增长了见识，学习到了先进的生产管理模式和成功经验，为提升特色产业优势，加快产业发展提供了强有力的科技支撑。

三是创新了教育培训方式。实行分类型、分产业、分岗位、分工种、分阶段、参与式、强服务的跟踪服务培训方式，使理论教学与实践教学相结合、系统培训与跟踪服务相结合、传统方式与现代手段相结合，增强了跟踪服务的针对性、规范性和有效性，提高了农民参训的积极性。

四是涌现了一批致富带头人。经过多年的培育，涌现出了家庭农场主杨建福、王文国，专业合作社理事长刘志宏、余生鸿、周延俊、王克海、张慧静、张宝英、将建新、白永忠、陈天喜等一大批高素质农民示范典型，他们已成为现代农业发展生力军，乡村振兴的中坚力量，农民致富的带头人。

四、经验启示

乡村振兴，农民是主体，人才是关键，高素质农民是重要支撑。高素质农民是广大农民中的优秀代表，是农业农村人才队伍的重要组成部分。2019年8月19日施行的《中国共产党农村工作条例》提出"培养一支有文化、懂技术、善经营、会管理的高素质农民队伍，造就更多乡土人才"。在农村现代化建设中，高素质农民的观念、知识和能力结构对农业农村改革发展的成效至关重要，其技术水平和知识素养，将对实施乡村振兴战略的进程产生直接的影响。应积极发挥主体作用，争做发展产业的主力军、绿色农业的实践者、文明乡风的塑造者、乡村治理的带头人、村民致富的引路人。培育高素质农民是实施乡村振兴战略、解决"谁来种地""如何种好地"问题的根本途径，是深化农村改革、增强农村发展活力的重大举措，也是发展现代农业、保障重要农产品有效供给的关键环节。通过"线上培训、线下集中、实训参观、跟踪指导"相融合培育，着力培养了一支有文化、懂技术、善经营、会管理的高素质农民队伍。而跟踪指导服务是高素质农民培育的重要环节，为了进一步巩固高素质农民培育成果，及时解决学员在生产实践中遇到的困难和问题，通过采取"实地走访、电话回访、微信交流、线上学习、学历教育、回炉锻造、日常指导"多样式跟踪服务，能有效培养具有发展潜力的新型经营主体带头人，促进乡村建设、产业发展，带领农民致富，让高素质农民真正成为引领现代农业发展、助力乡村振兴的主力军,逐步形成"培育一人、致富一家、带动一片"和区域性农民创业兴业的良好局面。该模式的推广应用,能有效提升高素质的培育质量和效果,加快农村实用人才建设步伐,为今后高素质农民培育跟踪指导服务奠定坚实的基础。

多措并举构建高素质农民培育新格局
——山丹县农业广播电视学校

一、背景

山丹县农业广播电视学校成立于1984年5月,为公益一类事业单位,现有工作人员7名,其中:高级职称专业教师5名、中级职称专业教师1名、管理岗位教师1名,兼职教师26名。学校现有办公室4间,"农业科技入户直通车"1辆,指导创建农民田间学校7所,农民教育培训实训基地8处,是县内农业科技培训和农民教育不可替代的职能机构。

近年来,山丹县农广校认真贯彻落实习近平总书记关于农业农村优先发展的政策措施,坚持科技兴农、质量兴农、服务兴农的办学理念,坚持从推动农业农村高质量发展、农民素质全方位提升着手,坚持以"办好农民家门口满意的农业职业教育"为宗旨,累计完成高素质农民培育300余人。同时在脱贫攻坚、脱贫攻坚和乡村振兴有效衔接项目实施中,积极落实实用技术培训项目,累计培训脱贫户劳动力1433人。先后有690多名符合条件的从业农民在业余时间坚持接受农广校中职学历教育,坚持从加强中职学历教育、加强以田间学校为重点的实训基地建设、加强农业新技术新品种推广应用等方面多维发力,实现了高素质农民培育项目质的提升和量的发展,为助力乡村振兴作出了积极贡献。

二、主要做法

(一)认真落实高素质农民教育培育项目

坚持抓好农民职业教育培训就是培育农业农村发展新动能的工作理念,努力在提高农民综合素养下功夫。一是不断扩大农民职业教育培训的覆盖面,坚持党中央关于农业农村优先发展的指导思想,切实巩固提升从业农民的技术素质和综合素质。二是培育从业农民的绿色发展理念,坚持把国家层面关于推进农业农村绿色发展的政策和技术列为培育学习的重点内容,积极推进农业废弃物资源化利用,认真推广落实废旧农膜回收利用、畜禽粪污资源化利用、病虫害绿色防控技术和化肥农药减量增效综合技术,促进了绿色发展理念的全面落实。三是培育农民的高质量发展理念,依据国家推进农业农村高质量发展的政策和措施,着力推进农业标准化、品牌化、绿色化生产技术应用,全县累计获得地理标志产品1个,有机食品6个,绿色食品22个,无公害农产品产地5个,产品3个,"三品一标"种植面积占到总播种面积的74%。四是培育农民的一二三产业融合发展理念,在确保粮食播种面积的基础上,突出学习农业产业的多功能理论,指导和帮助农民群众发展新型特色产业,建成设施蔬菜、枸杞、中药材、油用牡丹、红花等特色产业基地1.8万亩,逐步形成了多个集生产、休闲和生态观光于一体的休闲农业示范点。

(二)努力办好农民家门口满意的农业职业教育

办好农民家门口满意的农民职业教育是农广校的基本职能之一。2017年以来,根据中央农广校和省农广校关于实施中等职业教育与培育工程有机衔接的政策安排,深化农民职业教育"农学交替、弹性学制、送教下乡"的办学模式,有序推进教学链与产业链融合,让更多愿意学、能够学的农民接受农业中等职业教育,有效提升了农民培育工程的实际成效。通过落实中央农广校安排的教改试点任务,切实提高了办学质量。一是在县委县政府和主管部门的大力支持下,通过迁移校址,改善了办学硬件条件,鼓舞了农广校全体工作人员的办学士气。二是通过优化兼职师资队伍,巩固提升了落实教改任务的理论和实践教学能力。三是通过细化教改的目标任务，按照基础通识课、专业能力课和产业专题课三类课程推进专业教学标准落地实施。四是通过改进教学管理，按照集中面授、现场教学、远程学习、实践辅导、岗位实践5个环节，细化教改的主攻方向，强化教职人员和学员的责任感、使命感。五是注重建立培养计划"四灵活"机制，在落实规定培养目标、保证教学总学时前提下，灵活确定农学比例、灵活安排学期课程、灵活确定教学重点、灵活组合教学手段，内化产教融合的教学特色。六是努力按照中央农广校提出的强化满足乡村全面振兴所需人才的国家需求、满足区域农业农村发展所需人才的行业需求和满足农业一线从业者持续发展的个体需求的"三个满足"目标导向优化教学工作。七是坚持农学结合、弹性学制总要求，递进探索专业模式、教学内容等纵深内涵，兼顾管理制度、办学层次、助学政策、软硬件投入等其他方面改革建设。八是探索符合成人学习规律、符合职业教育基本规律和符合农业农村发展规律的"三个符合"过程导向。通过理念和实践创新，进一步彰显农广校体系落实农民职业教育的时代价值、人才魅力、乡土特色。

（三）坚持实践育人的办学特色

着力探索改善实践教学的方式方法，彰显农广校实践育人的职教特色。在强化实践教学方面，以落实《家庭农场生产经营专业教学标准（农广校版）》为目标，面向从业农民，在提升理论教学水平的同时，坚持发挥好实践教学的办学优势。在具体工作中，坚持让学员在生产实践中积极参与新技术新品种推广项目，引导学员树立新发展理念，吸收消化应用农业创新技术成果，营造以学促干和以干促学的农村乡土创新人才培养氛围。一是科学设置现场教学点，探索教学点的运行机制，努力形成特色鲜明、功能完备、层次分明的教学点布局。二是在现场教学点建设上，以为学员提供直观性的观摩考察、启发性的经验分享、体验性的实践情境、互动性的讨论交流为标准，依托现有实训基地、田间学校、产业园区，探索县级校与教学点深度融合，构建农民中职教育"现场教学精品模式+现场教学精品路线"。三是鼓励主讲教师编印切合具体生产实践的实训实践教材，以学员的生产经营管理链条为内容，以《岗位实践关键环节记录表》为载体，落实学员岗位实践的教学要求。四是结合教学需求精准确定实践专题，组织教学研讨，明确教学目标，落实小组研讨和实训交流，建立理论和实践相结合的教学模式。五是开展个性化实践教学，结合课程教学要求，在同班学员中随机抽取代表区域农业发展特色的专题项目,以现场观摩、研讨交流、案例分析推演等方式深化提升个性化实践教学成效。

三、主要成效

(一)扎实落实了农民职业教育优先发展政策

县委县政府贯彻习近平总书记"职业教育大有可为"指示,改善了县农广校的办学条件。县农业农村局鼓励专业技术干部积极支持农广校教学工作,将各类农业发展重点项目作为农广校的实训教学平台,支持农广校落实实践教学。农广校在加强教学改革方面积极努力,利用各种有利条件加大农民田间学校和实训基地建设力度,切实提升了实际办学能力。以巩固提升农民教育培训项目的实施成效为目标,完成农民中职学历招生690人,为促进乡村人才振兴作出了积极的贡献。

(二)落实教学标准,彰显农广校不断创新的办学精神

以贯彻落实《家庭农场生产经营专业教学标准》为重点,瞄准农业产业振兴方面各类新型农业经营主体经营管理能力不足的短板抓落实,认真落实中职教改标准,破解了农民教育培训面临的"三难"问题:一是抓住了农业农村从业生源的需求点,有效破解了生源不足的难题;二是认真落实教改标准,在改进教学计划和创新教学模式有了参照范本;三是严格执行教改标准,使提升教育培训质量有了科学务实的依据。

(三)实施"三放"措施,优化了便利农民群众接受农业职业教育的条件

乡村振兴,人才振兴是关键。将实施农民教育培训项目与提升农广校中职教育办学能力有机结合,为农民群众接受系统的职业教育创造了便利条件。通过放大办学格局、放宽入学门槛、放手发动群众的"三放"措施,探索破解招生难、落实教学计划难和加强教学管理难的问题,尝试建立了普惠制教育培训和"宽进严出"的学历提升教育机制,确保落实农民教育培训和提高学历教育教学质量的目标,树立了农广校创新发展的新形象。

(四)鼓励优秀学员发挥"传帮带"作用,切实提高农民教育培训的社会化效应

学员陈琰玉,2013年回乡创业,建成了山丹县第一个绿色枸杞生产基地,生产

的"睿裕祥"牌枸杞产品被中国绿色食品发展中心认定为绿色食品A级产品。2017年申请创建了山丹县裕民农民专业合作社田间学校,个人作为实训教师,累计培训枸杞种植户2000人次。学员赵华,2012年返乡创业,主动报名参加农广校的家庭农场生产经营专业学习,他不仅是农广校优秀学员,还是同班学员的实训教师,为农广校提高农民教育培训实效提供了积极的支持和服务。

四、经验启示

多年的实践表明,农民教育培训是促进乡村人才振兴的一项基础性工作,必须长期坚持。县级农广校要本着改革创新的办学理念,多措并举,在发挥好自身职能作用的同时,要积极鼓励各类学员参与到农广校的农民教育培训中,农广校的学员中有村社干部、有回乡创业青年、有开展农业社会化服务的产业经营者,他们是服务农村、发展农业、服务农民的中坚力量,是农广校提升高素质农民培育项目工作实效最亲切、也是最直接的依靠力量。党的二十大提出了建设农业强国和实现中国式农业现代化的新目标,使命光荣,任务艰巨,县级农广校要坚持以推进农民教育培训工作高质量发展为目标,以不断满足农民群众的实际职业教育需求为出发点,多维发力,积极担当作为,努力构建农民教育培训新格局,才能不断开创农民教育培训工作新局面。

线上线下同步教学法
——榆中县农业广播电视学校

一、背景

榆中县农广校隶属于县农业农村局,股级事业单位,核定事业编制9人,现有教职工9人,其中副高级职称1人,中级职称3人,初级职称5人。7人由农业农村局调剂到其他股室,2人承担高素质农民培育项目、农业科技培训、农民中专教育等工作。

近年来榆中县高素质农民培育项目在种植技术指导及推广方面取得了一定成绩,但从培育过程、调研资料、跟踪服务、问卷调查来看,还存在培育涵盖面不足的问题:一是农业产区跨度大,地域分布广,培育对象居住分散,且交通条件极易受天气影响,短时间内难以集中培训。二是农业生产者众多,农技普及工作量大,线下培训名额有限,无法充分满足线下生产人员农技培育需求。三是农技更新迭代快,学习渠道匮乏,新型农技推广方式急需调整。针对这些问题,我校将对高素质农民培育工作及时作出调整,提出线上线下同步授课这一创新教学法,仅2021年高素质农民培育总直播时间超过百小时,在线浏览量达6万余人次,得到了广大学员的欢迎和好评。

二、主要做法

(一)线下宣传线上招生

我校高素质农民培育项目以特色产业为核心,利用冬春季农民闲暇时节,通过线下宣传、线上招生的方式扩大影响,在全县精准遴选学员,招生阶段采用村级政务栏与广播等传统宣传媒介和微信、QQ、榆中发布、抖音等社交媒介开展线上宣传,形成多渠道的宣传格局,努力扩大招生影响力。如2022年经营管理型(一期)招生学员时利用榆中县电商服务站点体系、银行金融系统、自媒体、微信等社交软件广泛宣传,让足够多的目标学员看到培训班的宣传消息。通过微信二维码直接报名,学员资料经过云上智农初筛之后,再由我们的培训班主任及助教挨个电话沟通培训事宜。通过对报名人员的摸底调查,最终从网络报名的180人中筛选符合条件并且有积极参训意愿的75人进行信息入库,圆满完成培训招生。

(二)建立档案

通过建立学员档案,记录学员的学习成果和实践情况,成果包括学习的质量、学时、实践情况、考试成绩及其他表现。这些数据可以作为学员获得职业技能和职称认证的证明,也可以作为机构评估培训效果的依据。

(三)精准设置培训课程

建立以县农广校为主,农民专业合作社为辅的多元化培训体系。根据农民的需求和本县区农业发展情况,聘请具备相应技术理论和实践能力的专家授课进行,并设置各类专题课程,如科学耕作、田间管理、肥料和农药使用等,同时结合我县农业实践情况,组织实地考察和体验活动。

(四)认真组织线上教学

针对部分农民不便参与线下教学的情况,联系各乡镇负责人宣传动员,组织建立线上课堂资讯微信群,培训班主任发送线上课堂课程表,按照链接中课程表的安排,乡镇负责人在各自片区微信群内进行宣传推广,提醒技术人员和农户按时收看线上课程。对上课形式、注意事项、课堂纪律进行规范。

1.科学授课。一是科学制定教学计划。所有课程务必严格贴合整体培育进度,结合学员生产生活实际、合理安排课程时间,科学制订系统性教学计划;二是确定教学策略,根据课程内容安排授课次序,明确网络教学期间的学习目标、内容、任务和进度,授课老师可根据授课内容及学员需求提供针对性强的农技指导资料,确保师生之间联动;三是落实课后答疑反馈,授课老师授课期间,学员遇有问题在线上及时提出,培训方工作人员加以收集,经班主任整理总结后反馈至授课老师,对解答过程进行录制统一进行答疑;四是预先协调授课师资,严格按照课程表和教学计划进行授课,课前与讲师沟通好授课细节,确保线上线下课程同步进行,授课计划顺利实施,也可先期进行录制,录制或者直播时针对生产过程中应用性较强的部分应分段剪辑,并加以整理,取得授课老师同意后发布于相关自媒体平台推广宣传;五是同各乡镇负责人密切沟通,协助推广线上学习,培训方工作人员及时将与农业生产相关的法规政策通过微信群通知到农业生产者,在公共课程方面应充分发挥线上平台优势,充分准备线上基础课,内容涉及农业生产各方面,并利用多种视听型媒体吸引力进行广泛推广。

2.平台管理。一是培训期间每日预先检查调试会场硬件设施,核对每日培育工作计划,开展教学工作时配合授课老师维护好课堂秩序,确保培育工作顺利实施;二是工作人员随时关注微信群,管理群内通知,维护群内学习秩序,协助班主任整理学员问题,知晓每日课程基本相关信息并及时组织课程学习;三是线上平台现场工作人员负责每日拍摄工作的顺利进行,后台人员负责线上学习通道畅通,并设置分线路确保线上学习平稳流畅,并做好线上学习的数据统计;四是培训全程通过网络进行现场云直播,每日培育工作结束后负责平台工作人员及时整理资料,并于线上发布次日工作任务,保障后续培训工作顺利进行;五是线上课程多渠道推广,线上授课通过朋友圈转发群发课程链接等方式分享到线上学员;如2022年培育线上课程集中讲解乡村振兴政策、蔬菜科学施肥、真假肥料识别等政策理论和业务知识,累计5万余人通过直播观看课程;六是通过榆中县融媒体中心官方平台,在抖音、快手、微信视频号、今日头条、微博等平台同步直播,累计观看人数2万余人培训,线上课程也被制作保存,便于今后培训使用。

(五)线下教学

组织学员到培训现场学习,重点依托高素质农民示范基地、农业产业园等开展实地案例教学和现场交流学习,采用讲座、示范、互动研讨等多种教学方式,提供系统的理论知识和实践操作技能训练。2022年在榆中新奥马铃薯种植专业合作社组织农民开展了马铃薯种植技术培训,采取专业培训讲授+现场实操的方式,培训了当地农民的种植技能和管理能力,200名参加培训的农民中有近60%以上的培训学员培训后反映现场学习效果明显,就业技能和服务水平得到很大提升。

(六)及时跟进课后辅导

学员完成课程学习后,组织教师进行针对性的指导,鼓励学员多参与实践操作活动,并记录学员的学习情况,及时跟进。

三、主要成效

在"万物皆媒"时代,通过线上线下同步学习探索,充分挖掘新媒体凭借其自身的优势,在加快信息传播的同时为农产品销售及技术培训提供了新的思路和途径,且在培训工作中不断提高创新意识,顺应新媒体、新技术的发展趋势,充分利用新媒体,不断促进农业产业增效、农民增收。

线上线下同步培训,不仅提高了授课质量,同时极大的拓宽了培育覆盖面,助力农技推广工作发展,通过培育平台打通了农技专家与学员之间的交流渠道,建立农技学习平台,方便生产者交流学习,增长见识,开阔眼界。通过学习各地的成功经验,为农户们提供新品种培育技术,尤其是对为甘肃高原夏菜产业健康发展提供技术推广支撑,同时学员们充分利用培训之机,相互交流探索产业发展方向和前景,相互之间形成资源共享。同时不断探索新媒体下农业直播的新形式,为乡村经济发展开辟新的道路,助力乡村振兴。

四、经验启示

高素质农民培训是一个全方位的、系统的、科学的培训体系,通过培训提高农民的种植技能和综合素养,从而推动农业现代化和农村经济发展。采用线上线下同步教学方式更是一种集信息技术、教育教学、职业技能培训于一体的全新模式,具有广泛的适用性和通盘的发展前景,可以突破地域和时间的限制,大大缩短培训的周期和成本,提高培训的灵活性和自主性,还能够促进学习资源的共享与交流。

(一)线上培训方便灵活

通过电子教室、微信群等形式进行的线上学习,能够集聚高质量的教育资源,帮助农民学习专业知识和了解政策法规。如通过线上科普宣传活动,既让农民学到了专业知识,掌握农业发展趋势、市场需求及政策法规,还可以保持学生与导师之间的联系,提供及时的问答和辅导,使学习变得更加高效和方便。

(二)线下培训更为直观丰富

一是组织多样化的培训形式,紧密结合农民自身需求设计课程,如专家讲座、实地观摩、实践操作、典型示范等,通过生动有趣、贴近现实生活的培训,让农民获得更多的农业专业知识,熟练掌握现代农业技术,提高农业生产的效率和收益;二是跟踪服务,及时了解农民的学以致用情况,及时纠正他们可能存在的问题,提高培训的时效性。

(三)线上线下培训相结合形成双重助力

比如在线上课程中提供习题或讨论,线下培训时针对难点进行解答和练习,相互补充优势,使学习更加全面深入。

总之,通过开展高素质农民线上线下培育活动,使农民学习并掌握农业先进技术和生产管理方法,不仅能提高收入水平,还能在农业和农村经济领域发展中更好地发挥模范带头、示范引领作用。

创建农民田间学校 培养农村实用人才
——敦煌市农业广播机械化学校

一、背景

敦煌市农业广播机械化学校是一个公益性科级事业单位,隶属敦煌市农业农村局管理,核定事业编制7个,现有在岗职工5人,其中:正高级职称1人,副高级职称1人,中级职称1人,初级职称2人。主要承担农民实用技术培训、农村实用人才培养、高素质农民培育、农业信息化服务和农业技术人员继续教育培训等工作职能。

近年来,为了进一步深化基层农技推广体系改革与建设,着力推进科技推广方式创新,有效解决农技推广最后一公里的问题,加快构建以农广校为主体的"一主多元"农民教育培训体系,敦煌市农业广播机械化学校依托高素质农民培育计划项目,高度重视农民田间学校建设,精心谋划,分步实施,围绕产业发展和农民教育培训实际需求,总结形成了"坚持标准、规范建设,强化管理、精准培训,注重实效、促进发展"的农民田间学校建设模式,积极推进农民田间学校建设,全市规范建成农民田间学校8所,累计开展各种培训100多场次,培训农民3500多人次,开展高素质农民现场实训和观摩交流3200多人次。初步形成了农民田间学校基层教学的工作格局,为开展好农民教育培训工作提供了重要的支撑。莫高镇高效节水产业园、转渠口镇雷家墩休闲农业与乡村旅游示范园农民田间学校先后入选全国优秀农民田间学校。

二、主要做法

(一)坚持标准,规范建设

农民田间学校是农民教育培训的基础平台。近年来,我们坚持自主自愿、按照方便农民就地就近学习的原则,聚焦产业,优化布局,坚持标准,规范建设。一是确定培训产业。在农民田间学校建设过程中,为突出培训效果,强化示范作用,我们选择农民科技需求量大、产业科技含量高的设施蔬菜、设施养殖、特色林果作为重点培训产业。二是遴选培训师资。根据培训规范和岗位需求,结合高素质农民培育计划项目,聘请了30多名具有一定资质和实践经验的专业技术人员为培训教师,建立了培育师资库,从中选拔业务能力强、有责任心的农业技术人员负责农民田间学校的培训和指导,遴选10多名"乡土专家""田秀才"担任农民辅导员,充分发挥长期在基层生产经营优势,随时为农民提供技术服务。三是确定建设地点。在详细调研分析的基础上,选择区域产业优势明显、产业特色突出、专业合作社发展快、基础设施条件好的产业示范园区、农民专业合作社建设农民田间学校。四是明确建设标准。严格按照有培训教室、有实习场地、有实训基地、有电教设备,统一挂牌标识、统一培训流程、统一培训装备、统一师资队伍、统一管理制度的"四有五统一"的建设标准,规范建设农民田间学校,为农民教育培训提供良好的理论教学和实习实训条件。田间学校共拥有培训教室520平方米,配套桌椅板凳350个、电脑投影等电教设备5台套,基本满足了多层次、多形式、经常性教育培训的需求。

(二)强化管理,精准培训

为推动农民田间学校培训工作规范有序开展,建立了以市农业广播机械化学校为培训主体,农技、畜牧、林果等技术推广部门协调配合,镇农业农村综合服务中心、村级农业服务站共同参与组织的农民教育培训体系。制定了《敦煌市农民田间学校运行管理规范(试行)》,从培训工作流程、农民辅导员职责、实训管理、学员管理、安全生产、档案管理等方面,规范田间学校日常运作与管理。根据农民田间学校培训的方式和实践特点,制订年度培训、实训计划,充分发挥农民辅导员作用,重点从五个层面进行了创新培训。一是农民点单培训。农民根据品种选择、标准化生产、病虫害防控等生产过程中遇到的出现的问题,进行集中归纳,由学员直接确定授课内容。二是互动形式培训。围绕学员共同确定的科技疑难问题,在学员与教师互相讨论中有针对性地进行解决,加深了学员对此类问题的印象,在讨论中提高了农民科技水平。三是点评式培训。根据确定的讲课内容,特别是生产经营中出现的问题,先由农民通过自身实践提出解决办法,然后由教师进行点评,最后形成问题解决的方案,实现了理论知识和实践经验紧密结合。四是田间实践培训。组织学员深入田间地头,以田间为课堂,围绕具体问题面对面讲、手把手教,解决农民生产中实际困难和问题。五是线上学习培训。充分利用信息化手段开展在线学习培训,引导农民通过信息网站、"甘农云"APP、"12316"服务热线和敦煌市"三位一体"数字平台,开展在线学习和电话咨询;邀请农业技术专家,围绕葡萄、蜜瓜全产业知识链,以关键技术知识点讲解和现场演示为主要内容,拍摄制作农业标准化生产微视频30期,供线上学习、宣传,提升了培训的效果和质量。

(三)注重实效,促进发展

通过农民田间学校建设实践,已经初步产生了三个方面的效应。一是社会效应。通过建设农民田间学校,在具体的农业生产中实现专家与农民面对面,技术与田间零距离,达到了发现问题最准确、解决问题最及时、科技服务最紧密、技术推广最到位目标,实现了与农业生产实践紧密结合,与农民科技需求紧密结合,与农民增收紧密结合,为实现科技人员直接入户、良种良法直接进田、技术要领直接到人,开辟了一条绿色通道,打造了农技推广的有效平台。二是产业效应。通过学员培训,提高了农民科技文化素质和从业技能,示范推广了无土栽培、水肥一体化、物联网等先进实用技术,促进了全市设施蔬菜、畜禽养殖、特色林果产业的健康发展,进一步提升了园区科技含量和档次。三是增收效应。通过田间学校培训实训,促进了农民持续增收,涌现出了合作社带头人王克海、周彦俊、刘志宏、余生鸿,家庭农场主杨建福、王文国,电商吴强等一批示范典型,他们已成为现代农业发展生力军,乡村振兴的中坚力量,农民致富的带头人。

三、主要成效

(一)农民合作意识和组织管理能力普遍提高

农民田间学校是从农民需求出发,以农民为中心,以田间为课堂和教学场所,采取自下而上的一种培训方式,改变以理论课堂为主的封闭式教学为以田间课堂为主的答疑式培训,突出培训的实用性,要求农民学员在培训过程中动手、动脑、动嘴,通过参与式、互动式和启发式的培训,培养其自我发现问题、解决问题和组织管理的能力。通过农民田间学校系统培训后,农民学员合作意识和组织管理能力普遍提高。

(二)农民综合能力明显增强

采取面授培训与现场操作相结合的方法,通过实现理论与实践的结合,使培训农民的素质得到快速提升,达到学用结合、学有所得目的,使农民掌握和使用新技术的能力显著增强,辐射带动能力显著提高,已成为具有一定影响力的"土专家",起到了很好的"传、帮、带"作用。

(三)农民知识水平和综合素质明显提高

改变自上而下的"灌输式"授课为农民充分参与的"互动式"培训,突出学员的参与过程。农民学员自觉学习能力和提出问题、观察、分析、解决问题的能力明显提高,自我田间科学管理能力增强,综合素质明显提高,达到了独立操作能力。

(四)农民增收致富的能力明显提高

通过农民田间学校组织的多形式的系统培训,改变物质刺激式的被动式学习为我要学技术的主动式学习,突出学习的主动性,使农民学员明确了产业发展方向,更新了观念,参加培训的农民学员依靠科技增加收入。

四、经验启示

农民田间学校是农民教育培训的基础平台,是高素质农民培育的强大支撑。农民田间学校的教育培训以"农民"为中心,以"田间"为课堂,由经过专业培训的农业技术员担任辅导员,在作物全生育期的田间地头开展针对农民学员参与的新型农民培训方式,这种培训方式改变了传统课堂式教学模式,授课教师围绕农民学员的组成情况设计活动方案,组织教学活动,鼓励和激励农民在生产操作中发现问题,分析原因,制订解决方案并完成实施,让农民在干中学、学中干,既能调动农民参加教育培训的积极性,又能实现教学过程与农时季节紧密结合。同时,这种新型的农民培训方式更是一种针对农民生产实际需求的参与式农技推广的新方法,贴近农民、注重实践,是连接农民与农业新技术的重要纽带。通过多年的建设实践,田间学校已成为农广校在产业链上办学点、产教结合的主阵地、农民教育的主课堂、农民致富的"加油站"。该模式推广应用有助于加快构建高素质农民培育体系,强化高素质农民培育能力,切实推进农民教育培训与农业生产发展深度融合,有效提升高素质农民培育质量。

高素质农民培育"五精准"模式典型案例
——华池县农业广播电视学校

一、背景

华池县农业广播电视学校成立于1984年,是一所以成人教育和农民培训为主体,具有独立法人资格的事业单位,现有从事专业教学的师资人员12人(其中正高级职称1人、副高级职称3人、中级职称4人、助理级4人),主要承担全县新型职业农民培育、高素质农民培育、农村产业致富带头人、乡村振兴人才培训等工作。先后被农业农村部授予"全国农业系统成人教育先进集体""全国农业广播电视教育先进集体",被中央农业广播电视学校授予"科技兴农先进分校",被省农牧厅授予"科教兴农先进集体"。

习近平总书记在党的二十大报告中指出,强国必先强农,强农必先育才,其中最重要的任务就是要培育大量"有文化、爱农村、懂农业、精技术、善经营、会管理"的高素质农民,我县在高素质农民培育方面虽然取得了一些成绩,但还存在"对象不精准、主题不多元、内容不多维、方式不精细、质量不够高"等问题,案例重点从五个精准化遴选来初步解决上述问题,以此推动全县高素质农民培育改革,切实筑牢农业强国人才根基。

本案例重点指出了华池县在高素质农民培育工作中存在的问题,提出了精准遴选参训学员、培训产业、培训教材、师资力量、实训基地五个方面的解决措施,总结了工作成效,为今后的工作提供了经验启示。

二、主要做法

(一)精准遴选参训学员

一是加强培育对象摸底调研。以"三个提高"为融合点,抓好"学前"培育对象遴选。

1.广泛宣传提高知晓率。争取在全县范围内张贴招生广告,出动流动宣传车,张贴标语、悬挂横幅,在学员外出观摩学习的大巴车身张贴宣传标语,学员资料袋上印培训项目名称等措施,提高培训政策知晓率,积极鼓励引导企业老板、大专院校毕业生、退伍军人、返乡青年等人群参加培训。

2.重点动员提高精准率。坚持县、乡、村三级联动,扎实开展培训前的需求调研、问卷调查,农户走访,组织由乡镇农综中心负责人参加的高素质农民教育培训工作安排会等,充分利用各乡镇农技站对本乡镇种养大户、种养能手有关情况较熟悉的优势,由农技员在本乡镇合作社、家庭农场、种粮大户等各种新型农业主体中走访宣传,对有学习愿望、有较高学历层次、较为年轻的农民进行摸底入库,提高参加高素质农民培训的精准率。

3.紧贴需求提高主动率。紧紧围绕县域内主要产业和特色优势,积极加强与各职能部门和行业协会合作,以不同需求为目标,引导从事该行业的农民主动参加高素质农民教育培训。

二是优化培育对象结构。优先选择肯动脑、善经营、会管理的龙头企业和合作社等新型经营主体负责人,有文化、懂政策、能组织的村两委和驻村干部,见识广、有闯劲、知识型返乡创业青年,懂技术、产业精、经验好的种养专业大户,善交流、接地气、便指导的各种乡土人才。

三是严格学员遴选程序。开展培训前期开展调研,建立学员库,采取个人报名,乡村和产业业务部门推荐,县农广校审核的方式,选择有一定示范带动作用、各项条件优先,素质较高的学员参加培训。

(二)精准遴选培训产业

近年来,华池县围绕主导产业发展急需,按照"全产业培训,主产业重训"的原则,以构建"三元双向"循环农业发展思路和"保粮、扩畜、提果、增菜、养菌、优药"等重点工作人才需求为导向,重点举办大豆玉米带状复合种植、食用菌生产、设施蔬菜生产、中药材种植、牛羊养殖、动物防疫等特色产业专题培训班。

(三)精准遴选培训教材

县农广校根据全年培训工作重点,制订详细的培育计划,根据培育计划,按照不同的培育类型进行不同培训内容的设置,培训教材按照"规范、先进、实用"的原则,坚持选购与自编相结合,针对不同培训内容制订不同培训教材,培训教材主要以中国农业出版社、省内农业科研院所、农业农村部制定教材为主、编印教材围绕地方特色种养业、结合当地生产实际、群众生产需求、组织人员在充分理论的基础上编印群众一看就懂、一学就会的乡村教材。

(四)精准遴选培训教师

高素质农民培育师资优先从高素质农民教育培训师资库遴选确定,主要包括理论教师、技术讲师、政策讲师、实践讲师、创业导师等。理论教师要具有相关专业教师资格的正规院校教师;技术讲师要具备相应技术理论和实践能力的院校教师、科研推广机构专家、各类农业主体专业技术人员或"田秀才""土专家""致富能手"等;政策讲师要具备相应政策理论水平的院校教师或行政部门管理人员;实践讲师要具备相应职业技能证书或3年以上(含)实践经验;创业导师要具有创业成功或指导创业成功经验。

(五)精准遴选实训基地

为增强培训效果,按照多层次、多形式、广覆盖、经常性教育培训的要求,依托农业示范园区、龙头企业、专业合作社、家庭农场、养殖专业户等,按照"五有"标准,即:有较好的产业基础、有较多的农民学员、有固定的培训场所、有规范发展的管理制度、有必要的教学设备,精准遴选高素质农民实训基地。

三、主要成效

(一)健全了高素质农民培育工作机制

"五种遴选"有效促进培训模式的优化和细化,实行了分类型、分产业、分岗位、分工种、分阶段、全方位、多渠道的培训模式,采取学员跟班学、课程全公开、效果现场评的方式,进一步健全完善了严格的培训管理、资金管理、档案管理、考核奖惩、跟踪问效等18个培训制度,严格落实致富带贫机制,确保每个新型农业经营主体带头人带动5~10个一般农户,从而示范引导全县乡村振兴奔小康。

(二)提升了生产技术和管理能力

通过严格遴选,优化培训,学员对如何制定生产方案,做到良种良法配套、增产增效兼顾、安全生态协调、强化管理、增加效益等方面都取得了一定的进步,从而对发展生产、提高效益有很大帮助。

(三)增强了创业创新意识和发展信心

遴选使学员的精准度显著提高,通过经验介绍和相互交流,真正使学员把握了当前形势,了解了惠农政策、提升了发展能力、增强了发展信心。农业发展既要靠技术、靠管理,更要研究市场,开拓创新,不断进取,才能持续发展壮大。

(四)涌现了一批创业兴业典型

2019年以来,培育高素质农民1800人、认定农民专业技术人员100人,涌现了一批爱农业、懂技术、善经营、会管理的高素质农民队伍。为华池县全面推进乡村振兴、加快农业农村现代化提供强有力人才支撑。

四、经验启示

本案例通过五个方面的精准遴选有效解决了华池县在高素质农民培育上存在的一些问题,并给今后的工作提供了指导,也能为其他县区的高素质农民培育工作提供一定可借鉴的经验。重点是在学员的遴选上指出要开展全方位的调研,建立学员库,精准优选有一定带动作用的新型经营主体负责人、村两委和驻村干部、返乡创业青年、种养专业大户、各种乡土人才等五方面学员,要围绕本县区的重点产业、优势产业、传统产业开展培训,要精选熟悉本地产业、农民耕作习惯、熟悉市场的师资力量,教材要选择标准教材外,还需重点选用适合本地地理条件的教材,便于学员利用自身所处的自然环境掌握所学知识,实训基地要选择本县或周边的龙头企业、合作社,规模上、产业上、经营模式上都要和当地生产类型相适应,便于学员学习、参考、复制。华池县近年来通过高素质农民培育,着力打造了一批综合素质高、技术能力硬、产业发展好、带动示范强的高素质农民,为全县经济社会发展及乡村振兴提供了有力的人才支撑。

创新培育模式　提升培育效果
——麦积区农业广播电视学校

一、背景

麦积区农业广播电视学校为副科级事业单位,现有教职工15人,其中高级农艺师4人,农艺师5人,助理农艺师2人,行政管理3人,工人1人。主要开展高素质农民培育、农业实用技术培训等农民教育培训和农业技术推广工作。

麦积区以"为现代农业发展提供智力支持"为目标,结合各村产业实际和全区产业发展规划,重点围绕果品、蔬菜、马铃薯、中药材和粮油作物等特色优势产业,紧扣农业增效、农民增收、农村发展三个主题,以"引、育、用"为切入口,通过用活专业人才、用好基层人才、挖掘乡土人才,为我区现代农业发展和乡村振兴提供科技支撑和人才保障。但理论与实践兼备的农业实用人才匮乏和农民综合素质整体不高仍然是制约农业现代化发展的短板。在培训过程中仍然存在被动培训、培训效果不佳等问题。

为切实提高培育效果,建好建强一支懂农业、爱农村、爱农民的"三农"队伍,麦积区农广校不断创新培育模式,探索出适合我区的高素质农民培育"555+工作法",即:"五种模式+五个理念+五项措施+工作法"。

二、主要做法

近年来,麦积区农广校紧盯脱贫攻坚和乡村振兴战略实施,坚持"555+工作法",有效提升了高素质农民培育成效,培育合作社负责人、果品种植大户、粮油生产大户、产业发展带头人以及青年农民共计2466人,对促进农业增效、农民增收、主导产业发展和乡村振兴发挥了积极作用。

（一）创新五种模式,提高培育效果

麦积区农广校在实践中探索构建了"层次分明、结构合理、规模适度、开放有序"的五种培育模式。一是理论授课+观摩交流+实践操作模式。依据苹果、花椒、葡萄、大樱桃、核桃等林果产业以及粮油、蔬菜、马铃薯、中药材等主导产业生产需求和开展防疫工作的要求,实行"分段式、重实训、参与式"培训,重点强化实践操作技能训练、市场化经营能力模拟锻炼、科学化管理的组织实训;安排外出参观学习交流,开阔眼界,学习先进典型的成功经验及有效做法。二是创优提升培养模式。培训中鼓励学员积极创先争优,对一部分通过考核、表现优秀、实力较强、具有开拓创新精神的学员,结合乡村振兴产业带头人培育"头雁"项目,选派到西北农林科技大学、甘肃农业大学和兰州大学三所高等院校深造,进一步提高其个人素质和科技文化水平。三是农民与专家互动模式。为便于协调生产与学习的关系,提高培训的直观性和时效性,采取分产业分期办培训班、田间示范、座谈交流等方式让农民与专家面对面探讨生产管理技术、市场、品牌等问题,现场交流互动,便于学员及时获得信息和专家的对策建议,促进教学质量提高。四是农民与农民互动模式。通过建立实习实训基地,搭建一个相互学习、相互帮助和资源共享的平台,聘请苹果、花椒、葡萄、大樱桃、核桃等林果产业以及粮油、蔬菜、马铃薯、中药材等主导产业的"土专家、田秀才"近距离与农民交流经验、切磋技艺,更便于农民理解和接受。五是田间教学和信息化平台培训模式。把培训课堂开设在田间,通过现场演示、参观考察和建立实习实训基地,让学员学有榜样、看有示范,促进学员之间的互相学习交流,提升实训实效;充分利用信息化手段,利用好5个平台,即"云上智农"平台、"甘农云"平台、"老刀学霸"农业科技信息平台、"麦积三农"直播平台和培训班学员微信群平台,及时向受训学员发送相关农业科技信息,让学员学会利用网络渠道掌握农业科技知识和农业信息。

(二)创新五个理念,提升学员素质

我校以全方位培训、全力扶持、全面提升为目标,使参训学员个人素质、专业技能、经营管理水平得到有效提升。在培训内容和培训方式上大胆创新突破,将"培训不只在课堂""培训不只讲技术""培训不只是讲授""快乐体验教育""全面提升素质"等理念融入培训,扎实做好培训工作。一是思政教育。包括人生观教育、致富观念教育和经营理念教育等,通过培训改变思想观念,激发创业热情,改变陈旧的思维方式。二是农业基础知识传授。通过由浅入深、通俗易懂、简便易学的培训,为农民搭建起系统的专业知识结构。三是专业技能培养。通过具体的种植、养殖实践操作知识和技能传授,学员一听就懂,一学就会。四是经营管理知识传授。包括家庭农场和农民专业合作社的管理、市场营销、农产品质量安全、农村电子商务、网络信息、农民手机应用等,推动农民技能学习、农业生产与"互联网+"深度融合,让学员了解市场,开阔眼界,走智能化、信息化农业产业发展之路。五是素质能力训练。通过思想引导、教师讲授、实践操作、素质拓展训练、参观交流、入户指导等教学形式相配合,内容和形式相统一,全面提升学员综合素质。

(三)强化五项措施,推动项目实施

一是加强组织领导,确定培育机构。区领导小组办公室全面负责培育工作安排部署和督查督导,按照公开、公平、公正的原则,确定培训机构。二是开展调查摸底,制定培育计划。根据我区实际,制订了高素质农民培育调查表,广泛收集种养大户、农民专业合作社负责人、产业发展带头人、青年农民等资料,重点从技能掌握情况、所从事产业发展现状、培训需求、产业结构、务农意愿、发展策略等与高素质农民培育密切相关的问题入手,入户面对面调查,将符合条件的农民作为培训对象录入培育对象库,为制订针对性强的培训计划提供依据。三是选好培训场地。根据培训方案要求,培训机构按照产业发展相同、资源禀赋相近的原则,选在基础条件好、工作积极性高、既有实训基地又有食宿条件的培训机构实施培训工作。四是组建高素质的教师队伍。在农广校现有专职教师的基础上,广泛联系本地大专院校教师、农业专家、乡土能人,组建了层次搭配合理的28名高素质农民培育教师队伍。五是优选培训教材。按照实际、实用、简单、易懂、便于操作的原则,选定包含专业技能、思维引导、人员素质和经营管理水平提升的通用和专业技能教材,由授课教师结合实际制作课件并印发给参训学员。

(四)加强跟踪服务,促进持续成长

由于农业技术培训的特殊性,加上个人素质和经营管理水平的提升更需在实践中不断摸索、学习。我校在认真听取学员反馈意见的基础上,主动深入学员中,按照一个生产周期,根据不同产业的特点和学员意愿,在关键生产季节,针对薄弱环节,深入培训点开展实地一对一和一对多的操作指导、现场上手实操,及时解答学员提出的问题,年内对每个培训班进行了2~3次的跟踪服务指导,指导学员在实践中成长,真正提高技能水平,发挥辐射带动作用。

三、主要成效

2019年以来,麦积区高素质农民培育工作取得了显著的成效,受到了参训学员的好评。一是示范带动方面。麦积区创建区级及以上农民合作社示范社84个(部级3个、省级9个、市级26个、区级46个)和示范家庭农场43个(市级19个、区级24个),其中高素质农民培育学员创建的示范社28个和示范家庭农场20个,占比分别为33.3%和46.5%。我区高素质农民培育学员76人带领周边农户1520户经营合作社。二是品牌建设方面。在创建农产品品牌中,有17名学员创办的企业、合作社生产的农产品22个被认证为绿色食品,其中学员李念祖创建的"李念祖牌元龙花椒"荣获二十届和二十一届中国绿色食品博览会金奖;学员贾金英种植的花牛苹果荣获二十一届中国绿色食品博览会金奖;学员王军昌创建的"沿河城牌葡萄"荣获二十届中国绿色食品博览会金奖;学员何自义创建的"慕达牌花牛苹果"荣获十九届中国绿色食品博览会金奖。三是表彰奖励方面,培育学员魏小平、黄求歹、雷玉奎、李念祖、王箫、何自义、雷俊军等7人获得区级政府表彰奖励。四是农民评价方面,麦积区高素质农民培育工作始终坚持从农民实际需求出发,面向产业、融入产业、服务产业,深受农民群众欢迎,累计收到培训班和培育学员感谢信12封。

四、经验启示

麦积区农广校通过应用以上培育模式,在高素质农民培育项目中取得了显著成效,今后我们将继续总结培育经验,转变培育理念,优化培育方案,规范培育流程,科学设置课程,探索新的培育模式,并将模式应用于农业实用技术培训中,为我区农民技能提升、农业产业发展、农民收入增加和地方经济的发展发挥积极作用,为推动我区高素质农民培育工作高质量发展,全面推进乡村振兴和农业农村现代化发展贡献自己的力量。

推行"4+1"模式
培育高素质农民
——敦煌市农业广播机械化学校

一、背景

为了推动高素质农民培育从任务型向服务型转变,从以教为主向以学为主转变,让农民学得会、用得上,着力培养一支有文化、懂技术、善经营、会管理的高素质农民队伍,构建以农广校为主体的"一主多元"的农民教育培训体系。

近年来,敦煌市农业广播机械化学校依托项目资源,紧紧围绕优势特色产业,不断探索创新高素质农民培育模式,丰富培育的形式和内容,提升高素质农民培育的效果和质量,总结形成了"4+1"模式,即"4个课堂"(固定课堂、田间课堂、空中课堂、流动课堂)+"1"(中专学历教育)相结合的职业教育模式,扎实推进高素质农民培育,全市累计培育高素质农民2605人,其中:经营管理型1474人,专业生产型497人,技能服务型634人,已有227名农民喜获中专学历证书,为乡村振兴和现代农业发展提供了强有力的人才支撑。

二、主要做法

科学制订培养方案和教学计划,量身定制培训内容,推行"送教下乡、农学交替、弹性学制培养模式,将"固定课堂""田间课堂""空中课堂""流动课堂"和"学历教育"有机融合,充分发挥实训基地、田间学校的功能和作用,满足学员个体差异、产业需求和培育要求;强化实操演练、实地案例教学和观摩学习交流,充分利用信息化手段开展在线学习、在线服务和在线管理,确保经营管理型培育时间不少于15天,专业生产型、技能服务型培育时间不少于7天,做到学有样板、看有现场、训有基地,真正实现了理论讲座在农闲季节开展,实习实践同生产紧密结合。一是利用"固定课堂"进行集中理论培训,围绕产业发展和农民实际需求,邀请技术人员、专家教授专题授课,采用幻灯片教学,图文并茂,形象生动,通俗易懂,不断提升学员的综合理论素养。二是依托农民田间学校、实训基地,建立"田间课堂",围绕关键技术因材施教,组织学员深入示范园区、专业合作社等实训基地和农民田间学校,开展实操演练、实地案例教学,通过典型介绍、实地观看,情景体验,开展面对面交流、手把手指导,做到"学中做,做中学",实现了"学习"与"实践"的有机融合。莫高镇高效节水产业园、转渠口镇雷家墩农业公园农民田间学校被推介为全国优秀农民田间学校。三是充分利用现代信息化手段和中国农村远程教育网、甘农云APP和敦煌市"三位一体"等信息平台,依托"空中课堂"组织学员收看线上专题讲座,完成规定学时安排;邀请农业技术专家,围绕葡萄、蜜瓜全产业知识链,以关键技术知识点讲解和现场演示为主要内容,拍摄制作农业标准化生产微视频30期,及时推送到微信群、钉钉群和"三位一体"数字平台,供学员在线学习交流,随时随地为农民提供技术信息服务。制作的"红地球葡萄疏果技术"微课推荐上传中央校云上智农、农村实用人才带头人之家在线学习平台。四是通过"流动课堂"进行帮扶指导和后续跟踪服务。建立多部门的参与协作机制,组织学员外出新疆吐鲁番市、哈密市、陕西杨凌、渭南、山东寿光、河南洛阳、酒泉张掖各县市等地参观学习培训,让学员提升了素质,开阔了眼界,增长了见识;把跟踪服务作为培育关键措施常抓不懈,实行干部职工联系学员制度,将跟踪服务纳入村级农民技术员目标责任考核,采取"实地走访、电话回访、微信交流、线上学习、学历教育、回炉锻造、日常指导"的多样式跟踪服务模式,搭建高素质农民互帮互学、互惠互利的发展平台;持续跟踪农民训后产业发展、项目推介、技术指导等延伸服务。从生产需求、技术咨询、创业引导、信息共享等方面对高素质农民开展全程跟踪指导和服务,规范建立跟踪服务档案,逐步形成"培育一人、致富一家、带动一片"和农民创业兴业的良好局面。五是办好中专学历教育。按照"人人可学、时时可学、处处可学"的办学理念,严格按照中职教育教学计划,积极探索高素质农民培育和中职教育有效结合的模式和途径。根据敦煌现代农业发展和乡村振兴对农民素质的需求,积极打造农业职业教育平台,结合高素质农民培育项目实施,积极组织农民专业合作社骨干、家庭农场主、村级农民技术员等参加接受农业中等职业教育,着力推进产教融合、农学结合,通过延伸与拓展学习内容,突出实践能力培养,达到农广校中专要求的学识和技能,使高素质农民实现技能学历双达标。先后举办农村经济综合管理、农民合作社运营管理等5期中专学历教育教学班,全市累计有227位农民获得了中专学历证书。

三、主要成效

一是激发了农民创新创业热情。通过系统培训和学历提升教育,使参训农民经营管理水平、专业服务技能得到全面提升,创新意识、创业热情、创业能力进一步增强,为今后从事专业化生产、规模化经营、机械化作业,不断壮大新型农业经营主体打下了坚实的基础。二是促进了特色产业发展。通过集中理论讲授、现场实训、线上学习、观摩交流,使参训农民创新了理念,开阔了视野,学习到了先进的生产管理模式和成功经验,为着力构建现代农业产业体系和做强葡萄产业、做大草畜产业提供了强有力的技术支撑。三是创新了教育培训方式。实行分类型、分产业、分阶段、参与式、重实训、强服务的培训方式,使理论教学与实践教学相结合、系统培训与跟踪服务相结合、传统方式与现代手段相结合,培训培育与学历教育相结合,增强了培训的针对性、规范性和有效性,提高了农民参训的积极性、主动性。探索总结了"敦煌市农民职业培训3543培育模式",推介入选全国农民教育培训典型案例,受到了中央农广校、中国农民体协表彰。四是培养了一批经营主体带头人。经过多年的培养,涌现出了家庭农场主杨建福、王文国,专业合作社理事长刘志宏、余生鸿、周延俊、王克海、张慧静、张宝英、将建新、白永忠、陈天喜等一大批高素质农民示范典型,他们已成为现代农业发展生力军,乡村振兴的中坚力量,农民致富的带头人。

四、经验启示

加强对农民的培训,是乡村振兴的重中之重,而纵观农民培训工作开展的实际情况,会发现培训认识相对落后,缺乏新生力量,并且缺乏完善的培训体系和培育模式。农民教育培训是一个春风化雨、成风化俗的过程,要从农民需求出发,尊重农民的意愿。而培养高素质农民是一个长远的系统工程,连续和系统开展高素质农民培育工作的关键,是构建形成完善的培训培育体系,并逐渐规范化。推行"4+1"模式,实现了"线上培训、线下集中、实训参观、跟踪指导"相融合培育,"固定课堂"提升学员的综合理论素养,"田间课堂"实现了"学习"与"实践"的有机融合,"空中课堂"实现了线上学习培训,"流动课堂"实现了面对面、手把手指导服务,"中专学历教育"实现了素质学历双提升,在方式方法上接地气,让老百姓听得懂、学得进,让老百姓愿意学、方便学,着力提高了培训内容的针对性、过程管理的规范性、培育结果的有效性。该模式的推广应用有助于进一步提升高素质农民培育效果和质量,充分发挥他们在乡村全面振兴中的关键性作用,为今后高素质农民培育体系建设、创新机制提供了基础支撑。

精细化培训　提升培训质效
——徽县农业广播电视学校

一、背景

徽县农广校,隶属于徽县农业农村局,正科级建制事业单位,核定事业编制15人,现有教职工17人,其中副高级职称2人,中级职称2人,初级职称11人,工勤技能人员2人。主要承担高素质农民培育项目、农业科技培训、农民中职教育及农业技术推广等工作。

2022年全县粮食播种面积47.5万亩,生猪出栏19.2万头,蔬菜产业面积11.9万亩,农业增加值12亿元,农民人均可支配收入12064元。但"三农"工作依然存在一些短板和不足,主要表现在:一是农业产业发展水平有待提高,主导产业规模化程度低,产业集聚度不高,市场占有率较低,特色农产品品牌少、链条短、附加值低,龙头企业规模小、带动能力弱,专合组织规范化水平不高;二是乡村治理亟待加强,村庄空心化、农户空巢化、农民老龄化和农村"三留守"问题日益突出,农村发展活力不足,提升乡村治理能力和服务群众水平的需要尤为迫切;三是乡村人才素质急需提升,农村大量青壮劳动力外出务工,从事农业生产的农民年龄普遍在50岁以上,全县农业农村实用人才仅1.1万,高素质农民1569人,学历水平偏低,取得职称资格的不足50人,技能人才相对缺乏,而农民学习意识普遍不强,参加培训提升素养的积极性不高,产业发展和乡村治理缺乏人才支撑和保障。

徽县农广校聚焦农业产业发展、新型农业经营主体规范提升、乡村治理、农业增产、农民增收,针对乡村人才总量不足、结构不合理、整体素质偏低,农民参训积极性不高,培训效果不佳等问题,充分发挥农民培训主渠道作用,在高素质农民培育中坚持"为党育人、公益定位、需求导向"的原则,立足主导产业和特色产业发展需要,下足"磨刀"功夫、做实需求摸底,下足"绣花"功夫、细化培训内容,创新培训模式、激发培训活力,走"新"更走"心"、强化跟踪服务,实现农业教育支持政策更加有力、农民终身学习教育培训体系更加完善、农民参训积极性更高、培训质效更明显。

二、主要做法

（一）协调精准发力,完善农民教育培训体系

徽县以高素质农民培训体系建设为抓手,建成了以农广校为主体,农技推广机构、农业企业、农民专业合作社、社会培训机构等多方资源共同参与的"一主多元"的农民教育培训体系。遴选、认定产业特色鲜明、业态模式先进、经济效益显著、示范带动性强的农业主体,建成功能齐全、覆盖主导产业和特色产业的实训基地6个,其中省级农民教育培训实训基地1个;建成以高校教师,科研机构专家,技能推广机构专业技术人员,各类农业主体"土专家""田农秀才""致富能手"等组成的师资团队,涵盖理论教师、技术讲师、政策讲师、实践讲师、创业导师的"双师型"高素质农民培育师资库100余人,实行统一管理,动态调整,确保理论培训有教授、实训指导有专家,满足高素质农民多元化学习提升需求。不断加强理论培训体系、实训条件、师资队伍建设,推动"经营管理型、专业生产型、技能服务型""三类协同"的高素质农民培育制度,全面提升高素质农民培育能力。

（二）按需靶向施教,提升农民培训针对性

摸清需求是培训工作的前提,培训前,徽县农广校依据县域产业发展实际,广泛征求畜牧、蔬菜等相关业务部门意见建议,定位培训需求摸清方向,以乡镇、村社、新型农业经营主体、农户等为单位开展摸底调查,调查内容涵盖姓名、从事产业、参训时间、培训内容等,既有引导性培训方向,也有农民自主性意愿反映,确保

调查内容全面、科学、合理,为培训工作按需施教提供依据。摸底结束后,梳理摸底清单,分层次、分类型、分产业建立学员库,培训对象主要聚焦新型农业经营主体带头人、产业发展带头人、乡村治理与社会事业发展带头人、农村创新创业者、种养加能手等,让真正有培训需求和培训意愿的农民及时了解政策并积极参加。在培训内容设置上,按照服务对象在生产技术、市场营销、企业管理、品牌建设等方面存在的短板弱项和所需所盼,制订方案,从思想政治、农业农村政策法规、现代农业发展趋势、种养实用技术等领域按需精准开展"菜单式、定制化、体验式、孵化型"系统培育,让高素质农民教育培训从"大水漫灌"向"精准滴灌"转型,进一步增强培训的针对性和有效性。

(三)创新培育模式,提升农民参训积极性

徽县农广校在高素质农民培育中,针对农事农时和农民学习特点,不断探索创新培训模式,做到"五结合"(即线上与线下结合、课堂与基地结合、理论与实践结合、集中培训与跟踪服务结合、引进来与走出去结合),提升农民参训积极性,变"要我学"为"我要学"。一是应用"云上智农""甘农云"等手机APP,通过培训群将优质网络资源推送到农民手中,把手机变为新农具;二是针对成人学习特点,采用"圆桌式""参与式""游戏式"教学方式,将SIYB创业培训应用到农民培训中,激发学员学习兴趣;三是实践教学环节把培训搬到农业企业、生产一线,电商培训中以"直播演练"模式,举办技能竞赛,提升实操能力;四是交流学习环节采用异地教学模式,利用全国最好的师资、最好的实践,把课堂搬到现代农业示范园区、乡村建设示范村,学习好经验好做法。

(四)强化跟踪服务,提升农民培训质效

徽县农广校以"选育用"一体化培育为路径,建立了跟踪联系服务高素质农民制度,集中培训后,组织专业技术人员对学员进行跟踪指导服务和质量效果评价。一是走访学员,对学员从生产需求、技术咨询、创业引导、信息共享等方面开展回访,对学员在生产中存在的问题,组织培训教师、技术人员解决,逐步建立学员与农广校长期的服务指导关系,让农广校成为农民学员的"娘家"。二是积极组织动员学员参加各类竞赛、农产品推介会等,为学员搭建平台。三是围绕农民学历教育需求,开展高素质农民学历提升行动,探索高素质农民培训与学历提升工作的契合点,在家门口为农民办学历提升班。四是组织动员参训学员评定职称,遴选聘任优秀学员担任高素质农民培育实践讲师,现身说法,提升培训效果。通过跟踪服务指导,逐步建立离训不停训的模式。

三、主要成效

通过扎实摸底调查、精准培训内容、灵活培训方式、农民参训积极性不断提高,培训质量效果不断凸显,近年来,累计培育高素质农民1500余人,为乡村治理、产业发展、乡村振兴储备了人才,提升了新型农业经营主体规范化运营和联农带农能力、乡村治理水平等。徽县大智生态养殖农民专业合作社负责人参加高素质农民培训后,带领合作社及周边群众引进试种黄精、天麻、猪苓等中药材,建成中药材加工厂,徽县虞关乡中药材种植规模达1.6万亩,户均实现增收5.3万元。徽县鹏丰蔬菜种植农民专业合作社负责人,通过应用培训所学知识,建成日光温室16座,栽植露地蔬菜280余亩,建成蔬菜保鲜库、精选包装车间,采用"支部+合作社+公司+农户+劳务输转"的模式,带动周边农户就业、发展蔬菜种植业,2022年合作社经营性收入达248万余元,村集体累计分红40余万元,带动周边务工户和种植户150余户,务工农户户均收入25 600元,蔬菜种植户户均亩收入8500元,被徽县人力资源和社会保障局认定为"扶贫车间",在甘肃省"百千万"创业引领工程"新型职业农民"创业达人选拔活动中获得"创业达人"称号,增强了创业信心和决心。2022年乡村治理与社会事业发展带头人培训班学员江洛镇赵湾村支部书记张瑞霞说:"在赴西北农林科技大学学习中我们听专家讲授新知识,基地里观摩新技能,与同学交流新经验,通过培训学习,我拓宽了视野、更新了观念、提升了现代农业的经营管理能力,为产业发展、乡村治理奠定了坚实的基础"。

四、经验启示

在乡村振兴的战略背景下,随着农业和农村经济结构战略性调整的深入推进,基于农业农村从业人员老龄化等问题,如何牢牢抓住人才振兴这个关键,为农业农村现代化培育更多的爱农业、懂技术、善经营、会管理的高素质农民成为农广校践行使命的重要职责。一是做好摸底调查、创新培训方式、细化培训内容,做好本土人才培育,提升农业从业人员整体水平。对于技能服务型和专业生产型高素质农民的培育,在实践课程上下功夫,避免以参观代替实训,重点提升实操水平;对于新型农业经营主体带头人、村"两委"成员等经营管理型高素质农民,在转变观念和拓宽思路上下功夫,重点提升管理水平和带动能力,发挥他们在带动产业发展、引领村民致富、提高乡村善治水平等方面的"头雁"作用。二是推动出台职业农民扶持政策,吸引农业院校毕业生、退伍军人等积极投身乡村建设,为农业农村发展注入新鲜血液。

下一步,徽县农广校将全面贯彻党的二十大精神,加大高素质农民和乡土人才队伍建设力度,力争覆盖全部产业类型和所有行政村,提升农业从业者的文化素质、技能水平和经营能力,谱写新时代新征程农民教育培训新篇章,为全面推进乡村振兴、加快建设农业强国提供有力人才支撑。

创新"4+3"培育模式
提高培育质量
——肃州区农业广播电视学校

一、背景

乡村振兴,农民是主体,人才是关键,高素质农民是支撑。近年来,肃州区农广校坚持以科教兴农、人才强农、高素质农民固农为核心,紧紧围绕"培育高素质农民,助力乡村振兴"这一目标,狠抓培育环节,注重培育质量,形成了"4+3"的具有肃州特色的高素质农民培训模式,进一步提高了高素质农民培育效果。

自高素质农民培育工程实施以来,肃州区农广校共培育高素质农民450人,其中经营管理型250人,社会服务型50人,专业生产型150人,培训方向和内容涵盖了农、林、牧三方面,及时为肃州区现代农业发展提供了年轻力量和人才保障。尤其2022年和团区委联合举办的青年农民专题培训班,精准遴选全区35周岁以下有志向、有抱负的青年农民50人,以创新创业的独特视角,精心遴选课程、师资和实训场地,圆满完成了培训,得到了团区委和学员的一致好评。

在全区大力厚植乡土人才沃土,助力乡村振兴发展的局面下,大力培育高素质农民,促进农民科技文化素质整体提升,激发农民生产力和创造力尤为重要。

创新"4+3"培育模式 提高培育质量
——肃州区农业广播电视学校

但是目前,农村中仍然存在农业经营者品牌意识不强、组织化程度偏低、经营规模偏小等问题。另外,农业劳动者老龄化农业生产后继乏人,"谁来务农,怎样务农"成为迫切需要解决的现实问题,培育和造就一支爱农业、懂农村、会经营、懂管理的高素质农民队伍,直接关系到乡村振兴战略实施和现代农业的持续健康发展。

肃州区农广校始终坚持将高素质农民培育作为服务"三农"重要抓手,积极探索、不断创新,通过高素质农民外出培训,不仅增长了学员见识,而且增强了发展信心,培训取得了实实在在的效果。在创新培育模式上狠下功夫,采取"四结合+三创新"模式,在完成规定动作的同时,结合肃州区实际,打造亮点模式,积极应用推广,在不断摸索中开创高素质农民培育新局面。

二、主要做法

肃州区农广校坚持以培育高素质农民为己任,多措并举,务实创新,采用"4+3"的培育模式,确保培育效果落到实处。

(一)常规动作,稳扎稳打,确保培训有序开展

1.培育方向与主导产业相结合,提高培训的针对性。一是精准遴选学员。多次深入全区15个乡镇和十大园区,通过入户摸底、深入调查,将全区符合高素质农民条件的农民全部确定为培育对象,建立起了2000多人的后备学员库,分区域分类型从中筛选出农业技术扎实、发展基础好、学习能力强的农民确定为培育对象,把高素质农民培育和带动乡村优势产业发展结合起来,在培育质量上下功夫,努力做到培育一批学员、带动一方产业、致富一片农民。二是加强师资力量。聘请具有专业理论知识和实践经验丰富的农业专家、科技人员、"田秀才、土专家"担任培训教师,建立起了高素质农民培育师资库,为增强培训效果奠定基础。三是在班级组建上,按照产业类型组建班级,分批、分时段进行培训,达到同专业集中学、集中看、集中交流,调动学员培训兴趣,提升培训效果的目的。

2.课程设置与学员需求相结合,提高培训的全面性。课程设置坚持按需求、按班级、按专业设置原则,积极与遴选学员沟通交流,全面了解学员的需求和愿望,有针对性地增设学员听得懂、学得进、用得着的课程,转变学员观念,从"要你学"转变为"我要学"。课程设置不仅与学员需求相结合,更与乡村振兴、人才振兴

相匹配,在公共课程中开设了禁毒、反邪教、扫黑除恶、疫情防控、电信诈骗、民法典等综合理论课程,使学员的学习知识面更广更全面。

3.制度保障与严格管理相结合,提高培训的规范性。一是严格执行按专业分班培训制度、公示制度、信息报送制度、台账登记制度、考试考核制度、考勤记录制度、检查验收制度,使各项工作均有章可循,规范运行。二是明确教师职责,要求教师精心准备授课教案,悉心讲授培训内容,并做好学员跟踪服务和信息反馈。三是强化培训监督。开班前,对培训的各项准备事宜进行检查;培训时对全过程进行影像记录,理论培训和外出观摩全程参与,随时了解学员学习、生产及思想状况;培训结束时,整理班级资料,查看学员档案资料是否真实齐全。四是强化项目资金管理。根据《肃州区高素质农民培育项目资金管理办法》,设立专户专账,对项目资金使用情况进行检查和监督,完成项目审计工作。

4.后续跟踪与日常服务相结合,提高培训的长效性。一是组织学校教职工和科技人员下基层,深入田间地头、养殖圈舍、日光温室中开展全程跟踪服务,随时掌握学员的发展动态。针对学员在生产经营中遇到的困难和问题及时协调解决,并做好跟踪服务记录。二是建立了高素质农民培育微信群,通过微信群广泛发布各类农业新技术、新信息,学员随时了解掌握相关知识,也可把生产生活中遇到的问题发到群内相互交流,受到学员的好评。

(二)亮点工作,精彩纷呈,努力开创培育新局面

1.创新平台,提高培训的广知度。一是与区电视台合作,挑选出经济效益高、发展能力强、带动效应好的30位学员,将他们的发展情况制作成新闻和专题片,在肃州电视台《百姓纪事》栏目中轮番播放,提高高素质农民自豪感。同时,在肃州新闻结束后,轮番播放3条高素质农民宣传标语,每周一轮换,周周不重样,确保高素质农民培育家喻户晓、人人皆知,营造良好的社会氛围。二是将高素质农民相关的政策知识编印在学习笔记本和一次性口杯上,向农民和乡村干部免费发放,联合各乡镇印制高素质农民培育宣传标语,在乡镇主干道醒目位置张贴,加大高素质农民培育工作宣传力度。三是创新宣传平台,充分利用乡镇集贸市场、科技入户、咨询服务、微信、QQ等形式,大力宣传高素质农民培育政策,积极引导农民专业合作社带头人参加高素质农民培育,让高素质农民培育工作人人皆知,营造更加浓厚的高素质农民培育宣传氛围。

2.创新方式,提高培训的高效性。采取"请进来"和"走出去"的方式开展培训。肃州区农广校先后带领450名高素质农民赴陕西杨凌、四川成都和甘肃张掖、武威、天水、陇南、金昌、平凉、定西、庆阳等地开展理论培训和观摩学习,对外地先进的发展模式和经验做法"取经",拓宽学员视野,增长学员见识,增强发展信心,通过相互交流,探索产业发展方向与前景;聘请甘肃农业大学、酒泉市农科院等院校知名教授来我区为学员授课,通过培训种养大户、合作社带头人、家庭农场主,以一带十,以十带百,辐射带动周边农户发展,让学员做真正带领农民群众致富的领路人。这种培训方式,使学员既有学习交流又有观摩体验,既有感性认识又有理性思考,既学到了先进经验又找到了问题差距,真正实现了交流互鉴,共同提高的目的。

3.创新模式,提高培训的实效性。一是充分发挥"土专家"和田间学校在高素质农民培训中独特的作用。遴选了一批政治思想好、职业道德好、专业基础知识扎实、示范带动作用明显、乐于奉献的乡土人才,建立了肃州区农民培训乡土专家师资库。挑选条件成熟的农民田间学校进行培训,安排实践经验丰富、解说能力强的"土专家"进行手把手讲解示范,毫无保留地将新技术、新品种介绍给学员,让每个学员都能熟练操作。二是加强农民田间学校管理。积极申报符合条件的农民田间学校8所,完善制度建设、加强硬件设施和乡土专家队伍,推动田间学校高质量发展;开设丰富多彩且便民、实用、高效的农民田间课堂,为高素质农民培育增添了活力。

三、主要成效

肃州区结合现代农业和戈壁农业发展,坚持政府主导、立足优势产业、多方参与、注重实效的原则,以提高农民专业技能、培育现代农业和戈壁农业经营主体为重点,大力培育设施蔬菜种植大户和合作社带头人、家庭农场主,培训内容丰富多彩,培育形式多样灵活,课堂氛围轻松活泼,后续服务全面到位,不仅激发了农民的生产经营热情,增强了农民的生产经营技能,而且增加农民的收入,切实增强了高素质农民在乡村振兴、脱贫攻坚中的责任和担当。

(一)生产技术明显提高

通过高素质农民系统培训,近70%的学员掌握了最新的种养殖技术、农机具管理及使用技术、病虫害防治的方法和智慧农业发展态势。

(二)思想境界明显提升

通过高素质农民系统培训,大部分学员开拓了视野,增长了见识,激发了内生动力,近20%的学员转变了思想,成立联合社共同发展,取长补短,成为本乡镇现代农业发展带头人、佼佼者。

(三)辐射带动能力明显增强

通过高素质农民系统培训,12%的学员辐射带动周边群众致富能力增强,是全镇乃至全区、全市农业产业重点扶持对象和学习观摩的先进典型。

四、经验启示

肃州区农广校立足于区情,始终坚持统筹规划与分类培训相结合、理论教学与现场实践相结合、集中培训与分散指导相结合,因地制宜开展农民培训,增强培训的精准性和实效性。在培训工作中依托农民田间学校、农民教育培训示范基地等,采取"理论授课+观摩交流+实践操作"方式,深入田间地头、种养现场,通过"参与式、启发式、互动式"教学,开展手把手培训、面对面指导、心贴心服务,把强农惠农的新政策、新成果、新技术及时传递给农民和新型农业经营主体,达到"学一技、扶一批、带一方"的效果。通过培训,广大农民群众普遍掌握了科学种养技术,提升了农民的实际生产技能和发展产业的能力,促进了农业增效和农民增收,为乡村振兴提供了坚实的人才保障。

立足特色产业 拓展培训内容 增加农民收入
——成县农业广播电视学校

一、背景

成县农广校隶属于农业农村局下属二级独立一类公益性事业单位,现有编制11个,实有职工8人,其中高级职称2人,中级职称3人,初级职称1人,管理人员2人。主要从事农民科技培训和高素质农民培育工作。

成县地处长江流域秦岭余脉,徽成盆地西部,特产丰富,特色产业较发达,农民科技文化水平普遍不高,对新事物的接受及应用能力较低,在发展农业特色产业的过程中普遍存在观念落后、思路不新、管理不到位和对新设施的应用能力较低等问题,尤其是受农产品销售难、渠道单一的制约,导致农民的农业的经济效益偏低。

针对以上农业特色产业发展中农民遇到的最直接最迫切的问题,成县农广校紧紧抓住电子商务这个渠道,在高素质农民培育项目实施的过程中拓展培训内容,首先设置了电子商务培训课程,主要从开设网店、门面装饰、产品包装陈放以及怎样利用微信、抖音、快手销售农产品等方面进行培训。其次,还将本县主要特色优势产业核桃、大樱桃、花椒、蔬菜中药材,牛、羊、猪、鸡和中蜂养殖作为拓展内容,把特色产业发展中遇到的实际难题及解决措施编写成培训教材,通过聘请大学资深教授、"土专家"讲授适宜本县的栽培管理和养殖技术,不断搞好实训和参观交流,使学员在理论和实际操作能力方面得到了提升,观念得到了更新,思路得到了拓宽,并将农业特色产业和乡村振兴作为各类型培训班的通用课程,促进学员思维转变。

二、主要做法

(一)特色产业培训优先

乡村要振兴,发展产业是关键,人才振兴是根本。本县农业特色产业多,生产中也面临许多亟待解决的问题。我校紧密围绕成县特色产业发展现状,紧盯特色产业发展中的关键环节,直面农民最直接、最迫切的问题,确定培训类型和对象,将培训农业特色产业人才定为目标。

(二)开展培训需求调研

根据近几年特色优势产业发展现状,我校深入农业企业、农民专业合作社、家庭农场、种植和养殖大户中开展培训需求调研,从企业、合作社的管理和经营状况,生产、加工、包装、销售等环节展开调研,找问题和短板,征求培训需求和培训方式意见,最后汇总需求清单,梳理出需求最大,反映最多的环节,确定特色产业培训内容。并在需求调研的基础上制订切实可行的培训计划。

(三)课程教材突出实用

培训课程的设置紧盯生产各个环节,确保培训内容与农业生产需求相统一,例如:种植中的标准化、施肥、病虫害防治,果树嫁接、修剪技术。养殖中的圈舍建造,动物疫病防控,销售中的电子商务等问题。都是农民最迫切最直接的问题,紧贴我县农业生产中的实际情况。

(四)认真遴选培训教师

培训教师水平的高低决定着培训效果,我校在培训的过程中聘请甘肃农业大学的教授和陇南师专的教授讲解农业产业最新的经营发展理念,现代农业和特色农产品的标准化生产、加工储藏、包装销售方法。聘请"土专家"和"田秀才"讲解适合我县立地条件的栽培实用技术和管理技术。通过这样的培训让学员深刻认识到发展理念的重要性,理清了发展思路,又学到了农业实用技术,为我县农业特色产业发展和乡村振兴提供了技术支撑。

(五)精准设置拓展课程

针对特色农产品销售难的问题,我校设置电子商务课程,培训网上开店、销售技巧以及产品包装技术等,同时还培训农民如何在抖音和快手APP上销售农产品来增加农民的收入。另外针对我县农业产业发展的实际情况,培训了猪、牛、羊、鸡、中蜂等养殖技术,拓展了果树、蔬菜、中药材等种植技术。将主要特色产业培训课作为通用课程,应用于所有类型培训班。

(六)实训基地现场教学

参观交流是相互借鉴、开拓思路、提高眼界、增强创业信心的最好培训方法。我校在培训的过程中,把实训放在重要的位置。在参观交流前,通过和学员座谈,进一步了解他们在发展农业产业的过程中遇到的困难,找出学员在实际发展中的问题短板和弱项。针对性地选择实训基地,带领学员到农民专业合作社、种植大户进行果树嫁接、修剪、管理技术实操,实训老师现场指导,手把手地教,学员自己动手,实际操作,切实提高了实践能力和操作水平。同时在参观交流学习中,学员仔细了解观摩点的发展思路、管理方法、农产品加工技术、营销策略等方面的技术和创新点。参观学习结束后,召开研讨会,结合我县的实际,学员围绕我县特色产业、农业专业合作社发展的实际情况,结合取来的"真经"就如何弥补短板弱项研讨。通过这样的参观交流,切实理清了学员发展思路,进一步统一思想,坚定发展农民专业合作社和农业特色产业的信心和决心。

三、主要成效

我县实施高素质农民培育项目以来,通过理论培训和参观交流学习,学员的生产经营观念得到转变,理论水平得到提高,通过实操掌握了生产实用技术,通过拓展课的实施,提高了学员们的综合素质,激发学习农业科学知识的兴趣,坚定发展农业产业的信心和决心。他们中有的成为农业特色产业发展的"领头雁",成为我县特色产业发展、种植、养殖及电商人才主力军;有的从种植大户"蜕变"成为合作社负责人;有的成为"土专家"服务于农业特色产业的生产和管理环节;有的搞起了电商销售业特色农产品。

四、经验启示

农业特色产业要获得长足发展,增加农民收入,需要多方面的人才支撑,这离不开高素质农民培育。因而培训就要立足县域自然条件,根据农业特色产业发展和培训对象的实情,找准短板、弱项,制定符合实际的培训方案,采取多层次、重实效的培训方式,把理论学习和参观交流有机结合起来,把学习政策和技术有机结合起来,把课堂交流和实操演练结合起来,在培训中重视拓展课,同时要把转变学员的经营管理理念放在突出位置,让他们转变小农观念,认清现代农业发展方向。在联产承包责任制的经济条件下,如何去发展现代农业,现代农业发展的模式,鼓励他们创办农业企业、农业合作社、家庭农场,提高农业生产的经营管理水平和技术能力,把他们中的精英培育成特色产业发展的"领头羊",从而引领农业特色产业发展。要重视学员技术的培养,通过理论和实操的培训,把学员培养成种植、养殖、生产管理、加工销售的行家里手或服务于生产管理、加工销售等环节的技术人才,真正成为"有文化、懂技术、善经营、会管理"的高素质农民,不断提升他们的科技文化素质,增强他们对农业新技术的应用能力,提高他们的经营管理能力。通过电子商务的培训来提高他们对农产品的营销能力。助推农业特色产业的发展,提高农业的经济效益,增加农民收入。

培育高素质农民 助力乡村振兴
——白银区农民科技教育培训中心

一、背景

白银市白银区农民科技教育培训中心成立于2015年,加挂白银市白银区农业广播电视学校的牌子,正科级建制,事业单位。编制4人。现有教职工5人,其中专业技术人员3人,农艺师2人,林业工程师1人。白银区农民科技教育培训中心以加快培育发展壮大农业经营主体为主线,以促进农业增效、农民增收、农村发展为核心,以"培养新农民,服务新农村"为宗旨,大力培育高素质农民,收到了良好的社会效果。

目前我县农业发展仍然存在农业经营者品牌意识不强、组织化程度偏低、经营规模偏小等问题。同时,农业劳动者老龄化,农业生产后继乏人,"谁来种地,怎样种地"成为迫切需要解决的现实问题,培育和造就一支爱农业、懂农村、会经营、善管理的高素质农民队伍,直接关系到乡村振兴战略实施和现代农业的持续健康发展。我中心通过培育高素质农民,促进农民科技文化素质整体提升,激发农民生产力和创造力,发挥农民在农业生产和经营中的重要作用,实现乡村由表及里的全面提升,为全面推进乡村振兴提供强有力的人才支撑。

二、主要做法

(一)科学制定方案

根据《高素质农民培育规范》,按照甘肃省农业农村厅高素质农民培育实施方案要求,深入调研考察,制订白银区农民科技教育培训中心高素质农民培育工作实施方案。

(二)严格开班要求

办班前,提前向农业农村局提出申请,将教材准备情况、选聘教师情况、办班申请、学时计划、学习考察计划上报区农业农村局,审核批准后公示,根据区农业农村局文件精神,开展培训。

(三)遴选培育对象

按照白银区高素质农民培育实施方案,摸底年满16周岁,正在从事或有意愿从事农业生产、经营、服务的务农农民、返乡入乡创新创业者、乡村治理及社会事业服务等人员,针对农村人口文化水平差异较大的现状,摸底分类,保证学员的规格和质量,建立后备学员信息库,在后备学员信息库中遴选培训学员。

(四)选准培训内容

开班前深入农村了解农民的需求意愿,确定培育专业。每个培训班的课程设置以公共课和专业课为主,公共课包括农业政策法规解读、现代农民高素质提升、农业标准化与农产品质量安全等,专业课紧紧围绕产业振兴和农民增收致富,根据本地农业发展现状、民风民情及产业特点,内容多融入科技、经济、法律、人文等知识,加强对其综合素质的培养;对于返乡人群,重点培训农业基础知识,培养创新创业能力,提高创业成功率。努力做到培育内容与学员的实际需求最大化精准对接,同时,培训内容注重宣传经营管理对于生产效率的作用、法律意识和农业政策对于农业生产的保障作用,使农民转变思想,紧跟时代步伐,为专业知识的学习、职业技能的提升和职业发展奠定基础。

(五)优化培育模式

实行"分段式、重实训、参与式"的优化组合,分专业、分阶段举办经营管理、专业技能等培训班。培育时间尽量避开农忙时节。培训前做好地情分析，摸清培训对象的知识文化背景和培训需求，量身打造培养方案，使培训更接地气。将农业专家、技术骨干、产业带头人等专业人员"请进来"进行现场指导教学，学员动手操作，提高了学员的参与性，加深了实践印象，增强了亲自动手的能力。同时鼓励农民"走出去"，通过参观现代农业示范区、现代农业产业园等开阔农民眼界，更新农民认知，促使农民将科技知识、产业思维、创新创业思维运用到实际农业生产过程中，使农民学得会、用得上，主动参加培训的积极性得到了提升。

（六）选好培训师资

高素质农民培育过程中师资力量是不可忽视的重要组成部分，想要更好展开培育工作，需要构建一支高效的教师团队，确保教师拥有较强的理论知识和丰富的实践经验。实施培训工作之前，根据实施方案建立培训师资库。聘请一线的技术人员、"土专家"入库，从师资库中严格按照"优中选优"的原则，挑选培训教师。确保所选的每一位授课教师，既有扎实的理论基础，熟悉"三农"情况，又有丰富的实践经验。同时，我们还特别聘请了高校和研究所专家教授。老师们讲课形象生动，学员们听得津津有味，收获满满。

（七）建立培育档案

培训结束，培训中心组织参训农民进行结业考试考核，并对考试成绩进行登记备案，颁发培训证书。随着指导服务的开展，着手建立培训、考核、监管、后续跟踪服务等环节档案，实行全过程跟踪培养，及时记录其接受教育培训情况，按照农业农村部农民教育培训信息管理系统要求录入学员信息，进行计算机管理，并填写培训台账，按照高素质农民培育工程档案管理规范的要求建档，使培育工作档案管理规范化、制度化。同时，对培育过程中的影像资料进行归档管理。

（八）加强后续指导

联合省、市级示范社，家庭农场作为实训基地开展实训活动。培育结束后，根据培育项目要求进行不少于1年的后续指导，选聘专业技术人员，采取定期指导和不定期指导相结合，实地、手机和网络沟通相结合的方式进行后续指导。

（九）强化宣传引导

加强对培育高素质农民的宣传，在全社会营造重视、关心、支持"三农"人才的有利氛围，提高社会认知度和农民获得感。充分利用现代媒体，主动宣传高素质农民培育工程,提高农民参与培训和发展"三农"的积极性。结合农民丰收节或"三下乡"活动开展形式多样的宣介。挖掘、树立和培育各类先进典型,通过先进典型,让广大群众直接感受到身边的典型看得见、学得上,从而让榜样的力量教育农民、感染农民、鼓舞农民,积极争做高素质农民,投身新农村建设,激励和带动更多的学员,共同推动乡村振兴。

三、主要成效

通过理论学习和参观实践,参加培训的学员应用科学技术和发展经济思路都有了很大提高。一是掌握了实用技术。经过系统的培训,学员们掌握了新技术和新观念。提高了学员的生产技能、经营理念,激发了热情,增强了信心。二是更新了农业发展观念。参观考察的地点,主要是甘肃省及周边农业发展最前沿典型,学员们通过听介绍、看现场,更加深刻地感受到,发展现代农业必须走产业化、规模化、标准化、品牌化之路。三是搭建了技术交流平台。通过面对面的培训活动,广大学员结识了一批农业知名专家,成了农户生产技术上的"一线通",农业科技信息交流更加活跃。学员们用好培育平台创造的人脉资源、信息资源,进一步扩展发展空间、提升产值效益。

四、经验启示

(一)优化培育对象

培育对象不仅要从生活在乡村的农民中遴选培育对象,也要从普通非农业大学毕业生、退伍军人、科技人员、其他行业从业者等想成为高素质农民的人群中进行挑选和培育。这样可以为高素质农民的队伍注入更多新鲜血液,对高素质农民的发展产生积极的影响。

(二)创新培育模式

创新高素质农民培育模式是关键,既注重理论,又注重实践;既注重基础,又注重应用,确保高素质农民培训的着力点真正落实到提高农民培训的效率和效果,以及农民的技能和能力提升上。当前,高素质农民培训主要以农广校系统为主,但由于时间、空间的因素,离实践教学为主的课程体系和培养模式上有很大的差距。因此,要根据乡村振兴战略,以提升乡村振兴人才为中心,根据产业特点和实际情况,结合高素质农民的特点,因地制宜,积极鼓励创新适合当地特点的高素质农民培育模式。建立政府、行业、产业、高校多方参与,以农广校系统为主线,培训机构辅助。构建"以点带面"的培育模式,根据各类培育主体(高校学生、留守农民、返乡农民等)的特点,以实践性为主,辅以理论性教育,以应用性为主,辅以系统性教育,以提升技能为主,辅以综合素质提高。进行针对性的培育,培训内容充分尊重农民意愿和当地产业特点,培训形式由"课堂授课式"为主改为"现场指导+网络、视频授课式"为主,做到线上线下融合。在传统固定课堂、田间课堂基础上,运用社交和短视频平台等开展线上培训,形成"虚拟课堂""实体课堂"与"田间课堂"三位一体的教学格局。充分利用好甘农云APP、云上智农APP等基层农技推广平台。指导农民学会熟练操作手机,使手机成为新农具,数据成为新农资,直播成为"新农活"。改变培训机构教授内容与农民需求错位的问题,提高培训的实用性与创新性。

创新培育模式 激发学习动力
——武山县农业广播电视学校

一、背景

甘肃省农业广播电视学校武山分校(简称:武山县农广校),是武山县农业农村局局属事业单位,主要从事农民教育培训、农村实用人才的培养、认定管理等工作。现有专职教师6名(其中:农业推广研究员1名、高级农艺师1名、农艺师4名),外聘师资42人(其中:乡土人才11人),师资行业涉及面较广。年均培训农村实用技术人才8000人次,年均培育高素质农民500名,目前农民教育培训系统在册培育学员3022名;被认定为市级乡土人才(乡村生产经营能手)10名(其中:1名被天水市委人才工作领导小组评审认定为2021年优秀乡土人才);评审认定县级农村实用人才(乡村生产经营能手)344名(其中:高级乡村生产经营能手39人,中级78人);2022年培养并推荐农民职称评审28名(其中:1名评为高级农艺师)。

近年来,武山县高素质农民培育工作按照"科教兴农、人才强农、新型职业农民固农"的战略要求,以加快发展和壮大新型农业经营主体为目标,以促进农业从业者职业化为导向,以培育职业农民、服务现代农业为宗旨,着力培育一批覆盖乡村、扎根农村、服务农业的有文化、懂技术、善经营、会管理的高素质农民队伍,为现代农业农村高质量发展和乡村振兴提供人才保障和智力支撑。同时,武山县农广校通过多年对农民科教工作经验的总结，逐步形成了一套适合当地实际的农民教育培育模式。

2022年因疫情影响无法进行聚集性培训的情况下，武山县农广校首先建立高素质农民培育微信群，及时将聘请的教师邀请入群，为学员解答农业生产中遇到的问题，据统计专家答疑共计246条。并利用学员居家的时间，及时为学员开通线上学习课程，在2022年底所有学员超学时完成了线上学习任务，通过三期的线下培训、观摩交流、实训实训、后续跟踪培训，学员将线上学习知识同实践融会贯通。

通过考核，涌现出了许多政治素质高、知识全面、实践经验丰富的优秀学员。武山县农广校通过2022年高素质农民培育的实施，在前期"4+"的培训模式基础上，总结和丰富了培训模式。

二、主要做法

为提高农民的科技文化素质、职业技能和创新创业意识，辐射带动更多的农业从业者。武山县农广校结合实际，以培训项目与区域产业对接，培训方式与培训对象对接，培训课程与农民需求对接，理论学习与实践教学对接的方式，探索总结出"6+"农民教育培育模式，做到了把课堂搬进村庄、把课堂搬进地头、把课堂搬进企业，把农民带出去学，把技术引进来用。

（一）"专家+学员"模式，开展互动交流，增强学员务农信心

武山县农广校不断完善培育方式，以课堂为核心，以学员为主体，以专家为引领，利用微信平台在每个班级由班主任组建了集农业专家、"土专家""田秀才"及学员为一体的微信群，学员与专家、土专家共同研究、讨论，制订解决生产问题方案，丰富和夯实了专家与学员的知识结构，提升了理论底蕴，达到了启迪思路、增强信心、共同提高的目的。

（二）"桌头+地头"模式，注重学用结合，提升教育培训效果

培训尊重顺应农民的学习特点和习惯，一切以方便农民、服务农民、惠及农民为出发点和落脚点，把学校办到农民的家门口，把课堂搬进农家地头、饲养场，学员直观面对农田，以身示范，保证能够看得懂、学得会、易操作，确保学员在农业生产中提产增效。采用集中理论培训与地头实践指导结合的教学方式，增强了学员

的学习兴趣,提升了培育效果。

(三)"求知+求学"模式,关注发展前瞻,提升专业素质水平

组织学员外出参观考察,学习先进经营理念和管理模式,激发学员的创新灵感、启发创业新思路。坚持"外出参观有方案、有讨论交流、有心得体会",达到既丰富专业知识、转变经营理念和管理模式,又拓宽视野、增长见识的目的。

(四)"核心+中心"模式,转变教学方式,提升服务带动能力

为了提高后续跟踪服务质量,县农广校从培育的学员中遴选聘用一批政治素质高、技术水平高、文化程度较高的核心学员为技术指导员,建立以技术指导员为中心的农业技术指导圈,随时随地指导和解决学员及周边农户生产中的困难问题,并及时向县农广校反馈产业需求信息,发挥了核心学员桥梁纽带作用,提高跟踪服务质量、提升培育效果。

(五)"线上+线下"模式,探索培育形式,融合现代教学方式

学员通过在线学习重点知识,线下课堂讲解、实训、参观考察、总结交流及跟踪服务逐步完成知识的消化吸收。不仅提升学员自学能力、协作沟通能力和创新能力,而且开阔了学员视野,增强了产业发展的信心。

(六)"考核+奖励"模式,激活内在动力,增强农民发展信心

建立完整的考核奖励制度,评选优秀学员,作为今后重点培养对象,并聘任为农民教育培训师资;结合市县级乡土人才及农民职称的评审,优先推荐优秀学员作为评审对象,多方面争取奖励补助资金,广泛吸纳社会资金向农村实用人才的开发进行投入,增强实用人才开发与市场经济的适应能力,并依托农民教育培育项目逐步建成农村实用人才奖励及使用机制。

以上六种培育模式,既各自独立、又相互融合、相辅相成,共同构建了高素质农民培育体系,加快了高素质农民培育进程,助推了现代农业农村高质量发展和乡村人才的振兴。

三、主要成效

(一)强烈激发了技能培训愿望

高素质农民将积累的农业产业发展经验与学到的理论知识有机融合,不仅增

强了自身的生产技能、创新能力和致富能力,而且促进了广大农民群众争取参加技能培训、争当高素质农民的强烈愿望,更有力地营造了实施高素质农民培育项目的良好氛围。

(二)创建了学习交流平台

高素质农民培育项目不仅促进了学员之间的互相学习交流,而且通过组织外出参观学习,拓宽了视野。学员们在技术方面也不再保守,自发地组建了学习小组,并利用手机平台建立了微信交流群,相互交流技术、探索产业发展方向和前景,相互之间形成资源共享。

(三)调整优化了农业产业结构

农民教育培训要紧紧围绕县域农业产业布局,为壮大及繁荣县域经济要培养人才加大政策宣传,通过培训,高素质农民的经营理念及学习观念明显转变、管理模式有效提升、食品安全及品牌创建意识明显增强,推动了特色优势产业的健康发展,提高了农业产业化发展水平,优化了农业产业结构。

(四)融合搭建了农业产业发展平台

行走在田间地头、以点带面、覆盖全县特色优势产业区的农业技术指导员队伍,已成为助推全县特色优势产业发展的平台,他们不仅壮大了农业技术员队伍,而且成为活动在田间地头、助推乡村振兴的"领头雁"。

(五)发展壮大了新型农业经营主体

高素质农民已成为引领新型农业经营主体发展的主力军,助推了小农户与现代农业发展的有机衔接,为巩固拓展脱贫攻坚成果、助推乡村振兴提供了人才支持和智力支撑。

(六)增强了学员务农信心

树立先进典型,对在培训工作中发现的高素质农民典型事例,全面总结,宣传推广,对培育高素质农民起到积极的典型示范引领作用,建立农业科技人才经济利益和社会价值的双重激励机制。

四、经验启示

提高农民教育培育效果,创新农民教育培育模式是关键。农民教育培训,既要注重理论,又要注重实践;既要注重系统,又要注重应用,确保农民教育培训的着力点真正落实到提高农民培训的效率和效果,以及农民的技能和能力。农民教育培训要根据乡村振兴战略,以提升乡村人才振兴为中心,根据产业特点和实际情况,结合农民生产生活的特点,因地制宜,不断创新和完善适合当地特点的农民教育培育模式。

农民教育培育以提升农民综合素质为主,进行针对性的培育。培训内容充分尊重农民意愿和当地产业特点,培训形式力求多样化,提高培训的实用性与创新性。在农民教育培训形式的选择上,要根据农民的意愿和生产形式,选择灵活的教育培训形式,如利用农闲时间进行培训,长短期结合等;要注重理论与实践的结合,充分利用农业科技示范园区和农村示范基地,帮助提高农民的实际操作能力;还可以充分利用现代化教育手段,如开展远距离教育等。

注重农民培育内容的实用性和形式的灵活性。在农民培育内容的选择上:首先,在进行教育培训前,应对农民所在地区的农业生产情况、经济发展现状、自然条件、农民的整体素质等方面进行深入的调查,对农民教育培训工作如何开展有一个总体、客观的认识;其次,在选择教育培训的内容时,要充分听取农民的意见,并结合市场与农业产业结构调整的需要,不断改进教育培训内容。

教学模式选用得当与否,直接决定着培训效果的好坏。在开展教育培训过程中,武山县农广校始终做到理论教学与实际操作、现场观摩相结合,集中培训与现场指导相互结合,紧紧抓住农民学习特点,一切以农民的真实需求为中心,把为农民群众提供缺失的、需要的、乐于接受的、对生产生活会产生直接或间接受益的培训作为自己的神圣使命。今后我们将在培训过程中:一是不断挖掘、培育、发展一批"田秀才""土专家""乡创客"等乡土人才,培养造就一批扎根农村、投身农业、带动农民的"三农"创客队伍。二是加快建设农民教育培训师资队伍,选聘熟悉"三农"、具有丰富专业知识和实践经验的专兼职教师队伍,加强乡土师资培养,建立相对稳定、门类齐全、专兼结合、结构合理、数量充足的农民教育培训师资库。三是依托农业企业、农业产业园区、农民合作社、家庭农场等建立实习实训基地,涵盖种植养殖、农产品加工、休闲农业、一二三产业融合、农村电子商务等农业全产业链,实现农民在干中学,学中干的伴随式教育培训,将农民教育培训链条延伸到全产业链,推进农民教育培训与农业产业发展深度融合。

探索培育模式 巩固培育质效
——镇原县农业广播电视学校

一、背景

镇原县农广校始建于1981年,现有教职工18名,专职教师13名,工勤人员1名,中专管理人员2名,业务人员2名,专职教师中本科及以上学历7名。2000年12月被农业农村部授予"全国农业广播电视教育先进集体";2008年在全国农业广播电视学校办学水平评估中被评为"全国A级学校"。

2019年以来,镇原县农广校为培养一支能够适应乡村振兴需求的高素质农民队伍,针对缺少专业的技术人员,农村真正发展产业的农民大多走不出、放不下,参加脱产集中培训难度较大和学以致用脱节等问题,广泛开展调研,在总结前些年实施的"跨世纪青年农业""农村劳动力转移培训""阳光工程"等项目优缺点的基础上,通过不断的探索实践,逐步形成了"田间课堂+考察学习+跟踪服务"高素质农民培育模式。

新的培育模式,其根本宗旨是"田间课堂长知识,外出考察开眼界,跟踪服务见效益"。核心是通过请进来、走出去,即结合县域指导产业把理论水平高、实践能力强的教授或"田秀才""土专家"请进课堂,培训后组织学员外出学习别人的先进经验,力争尽快达到学用结合。并对通过培育、认定管理取得资格认定的学员进行长期跟踪服务,督促其发展产业,辐射带动周围群众,早日发家致富,为乡村振兴作出应有的贡献。

二、主要做法

镇原县农广校按照"科教兴农、人才强农、高素质农民固农"的战略要求,精准实施高素质农民培育工程。坚持立足产业、政府主导、多方参与、注重实效的原则,以做大做强新型农业经营主体为导向,整合资源,提高培训的针对性、规范性和有效性,加快建立高素质农民培育制度,着力培养一支有文化、懂技术、会经营的高素质农民队伍,为发展现代农业提供强有力的人才支撑。

(一)依托田间课堂开展培训

在中央、省、市农广校倡导创办"田间课堂"这一政策下,镇原县农广校积极响应,把培训地点挪到了农民的田间地头,顺应农时定期或不定期开展培训工作,以农民为主体,以问题为导向,以田间生产为场景,现场指导,现场解答学员的技术难题,组织农民共同讨论分析生产中的实际问题,并提出解决对策,打通了农民教育培训的"最后一公里",一切以农民需求为中心,培训效果明显提升。

(二)区别培训对象,确定培训内容

根据培训对象文化程度的不同,区别确定培训内容。培训内容贴近农民生活,避免与农民的生活脱节。明确指导思想,深入研究了农村经济发展的客观需求以及农民的实际需要,在培训专业设置上紧跟产业优势和农民需求,满足了农民及其子女就业创业的真正需要,使农民在培训中得到益处,激发其能动性和主动性,收到了良好的培训效果,达到培训的终极目的。在专业课程设置上避免僵化,教学内容力求能反映最新科技成果,实验实习基地的生产管理水平体现先进性和示范性。

(三)通过实践指导,提高实践能力

以往的培训都是纸上谈兵,培训效果不佳。镇原县农广校自承担实施高素质农民培育工程项目以来,特别注重实践指导,带领学员亲临养殖场、苹果园,在专家的指导下亲手操作,亲身经历,大大提高了培育农民的实践操作能力,为自身产业发展奠定了一定基础。

（四）组织考察学习，增强创业意识

学员只有走出去看了人家的养殖场、苹果园、产业基地，才能掌握人家有什么好的做法、效益有明显，这样使自己的观念有所转变，创业的意识有所提高，增强创业信心，为自己的创业获取精神食粮。

（五）创新培育模式，强化学习效果

1. 参与培训模式。即在生产第一线的种养大户、专业合作社带头人、家庭农场主、农业企业等，在现场直接参与讲解、示范、操作和解答等活动的培训模式。这种模式的特点在于：一是与农民直接面对面交流学习和操作。二是现场实训，推广运用新技术、新工艺，着重解决当前生产实践和工作中的问题。三是培育内容紧密围绕生产实际和工作中所需的知识，有针对性地解决存在问题，能够缩短理论与实际运用之间的距离，可以做到因材施教。

2. 参与互动交流相结合模式。即在培育过程中掺入"教、学、论、跟"的互动交流培训方式。首先对学员从普遍性的种养经验和认知水平教起，让学员听得懂、学得进，缩小师生间的距离感，让学员轻松参与学习；其次少讲大道理和深奥的东西，将理论与实践最大限度地结合起来，让学员真正认识到自身经验的差距所在和压力感，增强学员学习的自觉性；其三是组织开展课堂讨论，让学员结合自己所学的与以往积累的技术、经验、固有观念等谈感想、说体会、讲认识、话打算、谋发展，提高学员学以致用的能力；最后是做好学员产前、产中、产后的跟踪服务，引导学员正确组织生产、加工、销售等，做到"有求必应""有问必答"。这种对传统培训方式的改进，解决了单一的传统培训方式可能导致学员上课注意力不集中，培训效果不理想的问题，既端正了学员学习的态度，又激发了学员学习的热情。

3. 参与小组讨论式培育模式。即在训期间以一个班分成4~6个组、组有组长、班有班委、班有学习约定等；通过开放式的讨论，充分挖掘每个人的潜能和智慧，对生产过程中产生的问题提出各自的看法和解决方案，学员共同交流是通过小组交流、全班研讨、互相倾听彼此的声音，分享别人的经验，碰撞创造的火花，开拓想象的空间。充分利用培训、考察、讨论等多种手段，给学员更新知识。

（六）长期跟踪服务，督促学用结合

镇原县农广校实施的高素质农民培育工程项目在培训结束后，通过考试考核，发放培训证书，再组织学员参加认定，条件符合的发放相应等次的职业农民证书。获得双证的农民,农广校按照"关键农时、学员需求、跟踪培育"的要求,以乡镇为单位,以示范农民合作社为基地,采取集中培训、合作社基地实操观摩、座谈交流、入户跟踪、田间服务、电话回访等形式开展各种形式的高素质农民培育跟踪服务工作,了解学用结合情况,督促其发展产业,发挥高素质农民应有的作用。

三、主要成效

2019年以来,镇原县农广校不断探索,紧密结合全县农业产业结构调整,以"田间课堂+考察学习+跟踪服务"高素质农民培育模式,加大农民职业技能培训力度,造就了一支综合素质高、生产经营能力强、主体作用发挥明显的高素质农民队伍,为镇原县农业持续增效、农民持续增收提供强有力的人才支撑和智力支持。4年来,共培训农民7950人,评定农民职称237人。培育的高素质农民有69名被评为市县级大中专生创业典型和致富带头人,其中临泾镇王双选的盛洋家庭农场被定为甘肃省技术转移示范机构、庆阳国家农业科技园区现代生态农业技术转移中心。在这些高素质农民典型的带动示范下,全县农业产业得到了长足发展,农民专业合作社、家庭农场和专业养殖村规模迅速攀升。几年来,县委县政府择优评定了中原、武亭等20个优秀养殖专业示范村、牛宏东等35名优秀产业致富带头人、王国瑞等21名优秀返乡创业青年予以表彰奖励。这些典型的培育,为乡村振兴起到了很好的引领示范带动作用。

四、经验启示

(一)健全培育体系,整合培训资源

高素质农民培育是一个系统工程,要以农业农村部门为主,建立政府、行业、产业、高校多方参与的培育体系,整合各类社会资源,建立一支各类各专业高素质农民培训师资队伍,满足高素质农民各专业培训需要。

(二)创新培育模式,因材施教

培训前开展摸底调查,根据农民需求制定合理培训计划,充分尊重农民意愿,结合当地产业特点、生产中急需解决的问题合理设置培训课程和教材,培训形式由纯理论"课堂式培训"改为"理论课堂+现场辅导+参观学习"教学模式,提升培训效果。

(三)密切结合农民实际,开展多元化的教育教学模式

必须紧密结合农时生产,按照种植养殖、管、收周期,定期开展对口培训,让农民在学到新知识之后能够立刻亲手操作,既能解决生产中的实际问题,也能加强学习记忆,提升学习成效。同时要积极开展农业技术培训,如县技术培训班、成人中专、职工学校、县农业技术学校等,为农村干部、技术骨干、种植养殖大户、知识青年开展农业技术培训,提高农业技术普及率,促进农业增产增收。创新性地开展偏远地区农业知识的传播,如利用大队广播站每天定时播送农业信息、开展乡村巡回授课、农业专题知识讲座等多种形式传播农业知识,经常性地深入农村对农民遇到的技术问题进行现场教学。

规范培育流程 提升培育质量
——会宁县农业广播电视学校

一、背景

会宁县农业广播电视学校成立于1999年8月,副科级建制全额拨款事业单位,人员编制3人,设校长1人,教职人员2人。现有教职工11人,其中行政人员1人,副高职称3人,中级职称5人,教练员及修理工2人;学校占地面7738.9m^2,102m^2的教室1间,1827m^2驾驶实习场地1处,教师办公室7间,教练车辆7台,农机具配套比均在1:2以上。

会宁县是一个拥有50万人口的农业大县,地理条件艰苦、没有厂矿企业,因此大量青年进城务工,会宁县也因此成为人口输出大县。"谁来种地""怎样种好地"便成为全县农业发展的最大难题。面对这一难题,会宁县审时度势,紧抓乡村振兴示范县创建的良好机遇,按照农业农村部及省市下发的高素质农民培育方案,根据当地实际情况多层次、多途径开展高素质农民培育工作。近几年会宁县农广校和各培育机构优先培育了一批有学习意愿、肯吃苦耐劳的合作社带头人、家庭农场主、种植养殖大户等一些在种植业和农业机械方面有基础的人才,带动了一大批年轻人回乡务农创业,培养了一支扎根农村、服务农民的"懂技术、会经营、善管理"的高素质农民生产经营队伍,为会宁县农业生产可持续发展提供了人才支撑。

二、主要做法

农业高质量发展离不开高素质农民,为了将高素质农民培育工作做实做好,培养符合现代农业发展的高素质农民,会宁县农广校高素质农民培育工作运用"线上+线下""县内+县外"相结合的方式,采取"专家理论讲座—即时实践操作—外出观摩学习—后续跟踪服务"的培训模式以及"请进来、走出去""网红授课"的教学方法对学员们进行详细培训,学员经过56个学时或120个学时的扎实学习,顺利取得了培训结业证书,其中一部分学员还取得了拖拉机和联合收割机驾驶证。

(一)扎实调研摸实底,需求导向招学员

招生是高素质农民培育工作的第一步,我们通过广泛宣传和调查摸底进行招生,学校将教师分为两组,分别在南北两片乡镇同时进行排摸,围绕本地特色优势产业发展有计划、有目的的进行对合作社带头人、家庭农场主、种植养殖大户及新购置农机具农户等进行摸底和遴选,掌握他们的产业规模、从业年限、家庭收入等基本情况,然后组织有意愿、有需求、有基础、符合条件的农户报名参加培育。培育实行班级管理,按培育类型分设,根据需要每班人数在50~100人,学校按班建立规范统一、填写内容完整、真实的高素质农民培育台账。

(二)集中办班学理论,精心分类选课程

根据培育计划分类型,按产业、工种和岗位分别进行课程分类和学时安排进行培训。授课类型分为公共基础课(包括禁毒知识,艾滋病的预防、应急急救、消防知识等)、专业技能、能力拓展课和实习实训四大模块。培训教材按照先进实用、择优选用的原则进行购买。

(三)实习实训长技能,勤学苦练取驾照

农业机械化是现代农业的重要物质基础,农机化发展已成趋势,机械耕种已代替人工生产力。我们根据学员需求分批组织学员进行拖拉机和联合收割机驾驶证的培训及考试,提高农机手驾驶操作技术,严格要求农机操作手取得合格的驾驶证,保障农业机械化生产的安全;组织学员赴基地参观马铃薯全程机械化技术、全膜玉米双垄沟播机械化技术、全膜覆土穴播小麦培训技术、无人机植保等各种技术操作、现场演示拖拉机操作和联合收割机的维修、保养、安全生产等知识。

（四）考察交流拓视野，学习经验换思路

为了激发农民创业兴业的积极性，充分发挥他们的示范带头作用，进一步开拓农民视野、打破守旧思想、转变学员观念，我们组织培训学员外出参观兄弟市县先进、规范、有代表性的合作社交流学习，使学员开阔眼界、增长专业知识，知悉现代农业科技发展的动态，了解党和国家的农业政策，掌握农业科技理论与技能，把握农产品市场需求，打造地方特色农产品品牌。

（五）手机应用添农具，线上线下互补充

根据时代需求充分利用手机这个"新农具"，大力推进高素质农民培育"线上线下"融合发展，对培训教师、培训班级管理、培训基地和培训效果进行线上评价。通过手机微信建群搭建高素质农民互帮互学、互惠互利的发展平台；充分运用"云上智农"和"甘农云"APP学习平台，引导农民通过在线服务，进一步掌握技能、发展产业、扩大规模，引领和带动更多的人利用此平台解决农业生产中的难题；培育和发展从事农业生产的农村网红和电商达人，改变传统生产及销售方式，把流量变现为"新农资"，把直播转化为"新农活"，让更多的农民参与到网络经济新业态中，借助互联网的东风，通过线上宣传、直播带货等方式，展示乡土风貌、拓展农特产品营销渠道，增加农民收入，推进线上线下经济发展。

三、主要成效

近年来，会宁县以"需求导向、产业主线"为原则，以"选育用"一体化培育为路径，培育一大批合作社带头人、家庭农场主、种植养殖大户等在农业生产服务方面的优秀人才，带动了一大批年轻人回乡务农创业，同时，充分做到高素质农民培育项目与中职教育有效衔接，培养了一支"懂技术、会经营、善管理"的高素质农民生产经营者队伍。截至目前，培育新型经营主体带头人及种植养殖户等高素质农民8600多人次。

（一）整合资源、创新模式，提升了培育质量

县农广校整合利用县农机化学校等专业培训机构和农民专业合作社、专业技

术协会、龙头企业等资源,制订培训计划,组成由外聘高级专业技术人员、县镇农业技术骨干、乡土专家组成的培训师资队伍,充分利用优质教育资源和"云上智农"网络教育资源,采取"理论+田间"的课堂学习模式和"实地+网络"的观摩学习方式,分期分批对乡镇种养殖能手、种养殖合作社负责人及能工巧匠等开展有针对性的专业技能培训,进一步提升了受训者的综合素质和生产技能。

(二)出台政策、大力扶持,提高了创业能力

一是出台《会宁县新型职业农民政策扶持办法》。在人才培育方面,对农业产业发展方面优秀的人才进行全面规划,明确工作重点和推进措施,通过实施人才培养、引进、激励、服务等政策,引导进一步发展集约化规模化产业,力争在我县基本形成总量增长、结构合理、布局优化、素质优良,且能够基本满足现代农业产业发展需要的高素质人才队伍。二是项目扶持。经认定的高素质农民,有申报现代农业生产发展项目或各级龙头企业认定或品牌认证的,在项目报批、土地流转、资金补助、信贷扶持职称评审等方面将给予优先安排。

(三)全面培养、重点培育,提升了综合实力

对参加高素质农民培育的学员开展跟踪服务,提供技术、政策、信息等方面帮扶;择优录取参加过培育的学员开展为期2年的中职教育,提升高素质农民的自我发展能力和社会化服务能力,进一步扩大高素质农民培育成果。截至目前,中职教育毕业生60名,在校生60名。2022年评定农民高级农艺师职称5名。鼓励引导高素质农民参加各项奖励评选活动,推荐12名学员参加省上实施的产业振兴带头人培育"头雁"项目,积极引导学员申报创建"会宁小杂粮""会宁胡麻油""长征药业中药材""金鑫杏仁露""祁连雪马铃薯淀粉"等"甘味"品牌,其中"祥泽良谷米"获得第二十一届绿博会金奖;学员创建了92家市级以上示范家庭农场、农民合作社示范社,17家合作社获得省级以上表彰奖励,9名学员获得国家级、省部级以上表彰奖励。

四、经验启示

近几年高素质农民培育提高了农民学科技、用科技的积极性,农民在培训中得到实惠,主动求教、主动咨询人次越来越多,对实用技术培训认识有了进一步提

高。营造了学科学、用科学,依靠科技发展农业生产,促进了农业产业结构调整和农村经济的发展,通过加大新产业、新品种、新技术运用的培训,使农民的生产经营思维有了转变,应用新品种、新技术的人越来越多。锻造了越来越多的"土专家""田秀才",他们作为农业发展的推动者,积极发挥高素质农民的示范带头作用。现代农业发展关键在人,培育高素质农民就是培育会宁农业的未来,会宁县以巩固脱贫攻坚成果与推进乡村振兴有效衔接为契机,把服务现代农业产业发展作为培育高素质农民的出发点和落脚点,大力培育高素质农民,提高农民的科学文化素质和生产经营能力,让广大农民平等参与现代化进程、共同分享现代化成果,促进农民收入持续增长。

高素质农民培育助推新型农业经营主体发展模式
——庄浪县农业广播电视学校

一、背景

庄浪县农广校成立于1982年,现有正式在册人员12人,其中正高级职称3人,副高级职称7人,中级职称2人。主要职能是实施新型职业农民培育工程、开展农村劳动力职业技能培训及鉴定工作。2012年由县人社局批准建立农村劳动力职业技能培训基地,2013年市人社局批准筹建了平凉市第十三国家职业技能鉴定所。

近年来,县农广校为了适应新时期农民教育培训工作的要求,切实提升农村劳动力职业技能水准,坚持推广以新型农业经营主体为依托,以生产一线农民为中心,以产业发展需求为导向,以田间地头为课堂,以耕作过程为抓手的培训模式。合力构建县乡村三级培训体系,狠抓师资队伍建设,不断创新培训模式,转变培训理念,拓展培训领域,全面提升培育水平,加快培养服务一二三产业发展和乡村治理的高素质农民,不断壮大高素质农民队伍,育好用好乡土人才,全面提升我县农民素质素养,为引领县域富民产业发展,带动当地农民脱贫致富,助推新型农业经营主体发展壮大,实现乡村振兴发挥重要作用。

二、主要做法

庄浪县农广校紧紧围绕全县经济高质量发展,把高素质农民培育作为巩固拓展脱贫攻坚成果同乡村振兴有效衔接的重要人才支撑,坚持发展以现代农业为导向,满足农民理念知识技能需求为核心,提升培训效能为关键,全力推进肉牛、苹果、种薯等主导优势产业,加快提升高素质农民的综合素质能力。

(一)强化组织领导,明确培育职责

县农业农村局制订出台了《庄浪县高素质农民培育计划》,为我县确定培育机构、分解培育任务、遴选培育对象和审定培育计划等方面提供了制度保障。切实加强全县高素质农民培育项目实施管理,成立分管副局长任组长,农广校校长任副组长,相关科室人员、农广校培育负责人员和第三方培育机构负责人为成员的庄浪县高素质农民培育领导小组,负责项目实施监督管理和县级评估验收工作,做好统筹指导和协调落实,监督培育资金全过程的使用,落实高素质农民培育工作,定期督导培训进度,随机抽查培训执行情况,对不符合要求、质量把控不严的问题及时提出调整意见,必要时要求停班整改,并把安排部署、政策落实和监督管理各项工作落到实处。农广校各包乡副校长和包乡教师负责各培训机构的业务指导和培训监管。着重从培训机构台账、班级台账建立、学员信息采集录入验证、培训成效评价、培训台账资料收集方面予以指导。同时做好培训时间、参训人数、培训工具耗材使用、培训就餐落实和培训影像资料审查。培育机构负责制定培育计划、落实好培育环节,做好培育工作,管好用好培育资金,并如实填写《庄浪县高素质农民培育项目集中培训指导监督管理日志》。

(二)创新培育模式,扎实做好培训

抢抓庄浪县被确定为全国农民合作社质量提升整县试点和农业社会化服务创新试点县的政策机遇,认真落实产业精细化管理,全面推进新型农业经营主体高质量发展,全力促进新型农业经营主体由单一服务向生产经营、松散发展向紧密联合转变,努力实现新型农业经营主体发展多元化、合作领域深化拓展、运行质量持续提高。经过多年培育实践,积极探索了"田间课堂+实训基地+高素质农民、田间课堂+实训基地+种养大户、田间课堂+实训基地+家庭农场主、田间课堂+实训基地+农民专业合作社带头人、田间课堂+实训基地+农业社会化服务组织负责人、田间课堂+实训基地+村集体股份经济合作社理事长"六种培育模式,通过这六种培育模式累计培育高素质农民3250人、家庭农场主860人、合作社带头人940人、农业社会化服务组织负责人340人、集体股份经济合作社理事长293人、种养大户1300人,通过培训不仅提升了新型农业经营主体管理人员综合素质,而且促进了我县新型农业经营主体快速发展,实现了巩固拓展脱贫攻坚成果同乡村振兴有效衔接,为推进乡村全面振兴,加快农业农村现代化、建设农业强县发挥了重要作用。

(三)确定培育机构,遴选培育对象

我县以农广校创建的田间学校为高素质农民培育主阵地,统筹利用农技、畜牧、农经中心等部门和农民专业合作社示范社、农业龙头企业建办的特色产业基地为高素质农民培训基地,健全完善了"专门机构+多方资源+市场主体"教育培训体系。近年来,我县遴选教育培训理念先进、培训资源雄厚的社会教育培训机构参与高素质农民培训项目,实现了教育培训机构多元化发展。严格遴选培育对象,优选学员必须是从事或有意愿从事农业生产经营服务的农民和能吃苦、肯干事、想创业、盼致富的农村创新创业青年;产业扶贫带头人和农村创新创业青年学员必须是以种养产业为主要收入来源的适龄农民。承接培育项目的学校要按照培育的类型和任务,认真做好培育对象的摸底调查和遴选工作,准确采集掌握培育对象的照片、身份、通讯和产业规模、从业年限、技能水平和培训需求等信息,建立高素质农民培育对象库,组织有意愿、有需求、有基础,符合条件的农民报名参加培训。

(四)优选师资力量,落实培训目标

筛选业务水平高、实践经验丰富、教学能力强、能够解决农业生产实际问题的行业技术能手和乡土专家组成教师队伍,并且采取"走出去,请进来"的模式,组织落实好培训项目,使参训学员在思想素质和业务素质上适应时代的发展。同时聘请创业成功人士和乡土专家到培训班现场讲授、交流经验和典型示范,增强参训学员的信心,多渠道拓宽学员视野。同时培训机构要建立并不断补充完善共享培育师资库,根据培训内容的不同从师资库中遴选不同师资承担相应的培育任务。

同时建立完善的培训班管理制度,农业农村局抽组专人对培训项目实施情况进行全过程跟进监管、指导和质量评价,同时指导和监管人员要认真如实填写《庄浪县高素质农民培育项目集中培训指导监督管理记录》,开展相应数据管理和信息宣传。

三、主要成效

通过完善政策制度、健全培训体系、探索高素质农民培育助推新型农业经营主体发展模式,在全县范围内分产业、分层次、分类型实施农民专业合作社带头人、农村创新创业青年、产业扶贫带头人和现代青年农场主培育项目,为我县培育了一支有文化、懂技术、善经营、会管理的高素质农民队伍,加快了乡村产业发展、农村宜居宜业、农民致富增收和新型农业经营主体发展壮大。

(一)创建了一批农民田间学校

通过创新高素质农民培育助推新型农业经营主体发展模式,充分发挥农民田间学校在培育高素质农民培育中的主阵地作用,我县围绕牛、果、薯、劳主导产业和蒜、药、草、蜂等特色产业布局和发展需求,坚持产业发展到哪里,农民田间学校就建到哪里,培训教育就跟到哪里。农广校累计投入60多万元资金,在全县80个产业重点村筹建农民田间学校和乡村教学点,建成标准化农民田间学校32所,为28所田间学校购置了课桌凳、电脑、打印机、投影仪等教学设备,赠送各类培训教材及光盘2万余套,极大的改善了庄浪县农民教育培训条件,多年来,累计培训了110 476人,其中15 449人获得农民职业技能资格证书;培育了8600名种薯繁育能手和9360名畜牧养殖能手,主要服务苹果、畜牧、马铃薯三大主导产业和育苗、中药材、蔬菜三大区域特色产业,成为特色产业发展的主力军。

(二)打造了一批种养实训基地

按照"一业为主、多种经营,长短结合、突出特色"的思路,实施产业发展项目,打造了一批种养实训基地。苹果产业围绕建设全国优质苹果生产基地和全国苹果出口创汇两大基地,全县果园总面积累计达到65万亩、挂果园32.65万亩。畜牧产业着眼建设全国纯种红安格斯肉牛繁育和全省最大的纯天然优质对港活牛出口等五大基地,坚持公司集中饲养与农户散养相结合。种薯产业聚焦建设西北地区最大的马铃薯脱毒种薯繁育和国家马铃薯主食化种薯繁育两大基地。劳务产业推行"党组织+劳务公司+中介组织+贫困劳动力"运行方式,组建劳务公司7家,成立中介组织765个,建成"就业扶贫车间"41家。

(三)壮大了一批新型农业经营主体

庄浪县农广校紧紧围绕统筹推进"五位一体"总体布局和协调推进"四个全面"战略布局,落实高质量发展要求,坚持农业农村优先发展,以实施乡村振兴战略为总抓手,充分发挥家庭农场、农民合作社、社会化服务组织在农业产前、产中、产后等领域的不同优势,以加快构建以农户家庭经营为基础、合作与联合为纽带、社会化服务为支撑的立体式复合型现代农业经营体系为目标,坚持不断提升经营服务能力和发展特色产业链集群建设,促进各类经营主体和服务主体融合发展,切实保障和维护农民权益,加快培育了一批高质量新型农业经营主体和服务主体,发挥其建设现代农业的引领推动作用,为实现乡村全面振兴和农业农村现代化提供有力支撑。

(四)培育了一批"三农"工作的行家里手

强化培训,提升农民素质和农技人员服务能力,因地制宜遴选推介农业主推技术,加快农业新品种、新技术的推广转化应用,促进农业高质量发展,组织公益性部门和经营性经营主体的专家和技术人员开展各项技术培训,推进农民职业化,成为"土专家""田秀才",开展县乡两级基层农技推广人员轮训,提高服务基层群众的能力和水平,培育一批爱农业、懂技术、善经营、会管理的高素质农民。

(五)打造了中职教育的优质生源地

按照农业农村部推进100万乡村振兴带头人培养、打造100所人才培养优质校的"双百计划",将高素质农民培育与农业技术学院等职业院校的中高等职业教育对接,通过高素质农民培育项目的实施,遴选了一大批优秀高素质农民和示范主体成功转化为农广校中职教育学员,提高了中职教育学员质量,充分利用广播、电视、网络及新媒体手段开展农民学历教育政策宣介,提高农民知晓度。通过争取和协调政策,帮助农民减轻学费、杂费及学习生活负担,支持更多高素质农民提升学历层次,也使我县成为中职教育的优质生源地。

四、经验启示

通过创新高素质农民培育助推新型农业经营主体发展模式,促进了我县新型农业经营主体健康发展,质量效益稳步提升,服务能力不断增强,联农带农作用明显,成为组织小农户、服务小农户、提升小农户的重要载体。

(一)分层分类开展培训

依托高素质农民培育工程,按照培育对象从事生产经营的不同情况和农业生产规律,分类施策、因材施教,分层分类培训农业经理人、新型农业经营主体带头人、农村实用人才和现代创业创新青年等培育计划,推动高素质农民培育转型升级,全面提升质量效能,服务乡村振兴战略实施。

(二)建立健全培训体系

积极发挥县农业广播电视学校主力作用,采取政府购买服务等方式,支持农业龙头企业、农民专业合作社、农业职业培训机构承担培育任务,形成了以农广校为基础、各类社会资源广泛参与的"一主多元"高素质农民教育培训体系。

(三)充分利用信息化手段

依托全国农业科教云平台和中国农村远程教育网,为高素质农民提供在线学习、在线咨询、成果速递和线上考核等服务,提升了高素质农民培育水平。

(四)加强政策扶持

支持高素质农民对接新型农业经营主体扶持政策、享受创新创业扶持政策,鼓励高素质农民带头创办家庭农场、农民合作社等各类新型农业经营主体,发展多种形式的适度规模经营,通过土地流转、产业扶持、财政补贴、金融保险、社会保障和人才奖励激励等政策措施,推进高素质农民和新型农业经营主体"两新"融合、一体化发展。